Financial Independence, Retire Early

43歳で「FIRE」を実現した ボクの“無敵”不動産投資法

元サラリーマン投資家
村野博基

アーク出版

家賃収入3000万円！
20代から始める無敵の不動産投資
――まえがきにかえて

ボクは俗にいう平凡なサラリーマンでした。資格も運転免許以外は何も持ってないし、弁が立つわけでもありません。馬力があって何がなんでもやり遂げる！　というガッツもないし、仕事は断れなくて抱えちゃうし、斬新なアイデアなんてこれっぽっちも生まれてこない。

何より40歳をすぎても朝起きるのはギリギリで毎日バタバタ。社会人としては落ち着きがないことはなはだしい。プレゼンをやらせても、緊張して汗が吹き出し、シャワーを浴びたようにびしょびしょになるし、何をいってるのかわからなくなることも多い。

よく「いい人」とはいわれるけど、それってただの八方美人で単に強気に出られないだけ。上司からのパワハラに遭っても打破できるような気合も根性もなく、出世なんてゼッタイできそうもありませんでした。

でも……。

会社の先輩や同僚らにいわせると、

「会社なんてオマエにとって小遣い稼ぎだろ」

だそうです。「会社なんて小遣い稼ぎ」といわれていた理由は明快だったりします。ボクにはサラリーマンという顔のほかにもう一つ、投資家という裏の顔があるからです。

2019年に退職しましたが、実はボクの収入のうち給料は一部でしかなく、大部分は投資から。そんなボクのことを、周囲の投資仲間はこう呼んでいました。

「無敵の投資家」――。

| 2020年までに毎年のように購入した　合計28戸！ |

（内訳は16〜17ページ）

2004年	1戸
2005年	2戸
2006年	2戸
2007年	3戸
2008年	1戸
2013年	3戸＋自宅
2014年	2戸
2015年	2戸
2016年	3戸
2017年	2戸
2018年	2戸
2019年	4戸
2020年	1戸

不動産投資を中心とした自己紹介を、少しだけさせてください。

ボクは２０２０年の今、44歳。妻と高校生、中学生の２人の息子がいます。

２０２０年10月末の時点では、家賃収入が年約３０００万円（家賃から管理費と修繕積立金、地代を引いた手元に残る家賃は年約２５００万円）あります。

一方のローン残高は住宅ローンも含めて約１億９０００万円で、返済は年間１８００万円ほどです。

投資した物件は都内16区に28戸。マンションの区分所有がほとんどです。文京区に戸建ての自宅があります。２００４年から不動産投資を始め、毎年、右表のように投資物件を増やしてきました。

これら28戸の投資物件からの家賃収入が入るほどにローン残高が減っていき、今でも十分のんびりとやっていますが、よりのんびり楽しくやっています。

コツコツと家賃収入を得て、それを資金に次の物件を購入する不動産投資。ボクにだってできたのですから、誰にでも、あなたにもできます！　特に社会人になりたての〝まだまだ先の長い〟20代の方々にはゼッタイおすすめ。会社に勤めていてもフリーランスで働いても、安心・安定した暮らしが実現できます。
さあ、本書を読んで、不動産投資の最初の一歩を踏み出しましょう!

2020年11月

村野　博基

43歳で「FIRE」を実現したボクの〝無敵〟不動産投資法／目次

プロローグ
目標は東京23区制覇！ 楽しく稼ごう

第1章 新人研修時にお金が浮いた！ 貯金ゼロからお金を貯める

第2章 最初の1戸を購入し、不動産投資で自宅も購入した

第３章 新しい投資形態にチャレンジする

第4章 不動産会社のカシコイ付き合い方と物件選びの知恵

第5章 無敵の投資家は稼ぎ方を工夫し、見極める！

第6章 不動産投資のマンネリ感も無縁 管理組合って楽しいぞ！

エピローグ
43歳でFIRE! 東京23区制覇の次にくるもの

プロローグ

目標は東京23区制覇！
楽しく稼ごう

一般的な東京23区の4区画

東京のすべての区に物件を所有する！それがボクの当面の目標です

まず、16～17ページの一覧表をご覧ください！

けっして「どうだ！」ということで載せているわけではありません。本書を読み、ボクの投資法についてみなさんに知っていただくために参考になるかと思って載せました。

投資対象は「東京」「ワンルーム」「中古」物件

ボクの不動産投資は、「地方にマンションやアパートを1棟所有する」「古い戸建てをリフォームする」といったものではなく、「東京の都心部のワンルームを中心」に投資案件にバリエーションを持たせたものです。「マンションの区分所有」がメインで、場所がバラバラなので「分散投資」ということもできます。

また、物件についてでは新築ではなく、すべて中古です。なぜ、「東京」の「ワンルーム」の「中古」の物件をメインに投資しているのか、しかも一つや二つではなく28戸の物件に分散して投資しているのかについては、おいおい説明します。

不動産投資を始めた20代半ばの頃は、区分所有投資の王道ともいえる東京23区の南半分、一般に「城南」といわれる地域の物件を購入していました。城南を東京23区で大まかに示せば、東京駅と新宿駅を結ぶ中央線の南側、港区や目黒区とその周辺区のことです。この城南地区に、年に1戸ずつくらい物件を所有していったのです。

そして「他の区の物件はどうだろう」と、城西・城北・城東と時計回りに物件を買い足すことを検討し始めた。その頃から、「コレ、東京の23区を制覇できんじゃない？」と思うようになりました。だいたい東京23区のうち10区あたりの物件まで手を広げていた頃のことです。

誰とも戦うことのない目標設定

人生、何事も目標が大切ですが、不動産投資とその生活においても、何か目標があって

広さ（㎡）	表面利回り(%)		ネット利回り(%)		管理組合とその役員
	現状	購入時	現状	購入時	
18.55	8.03%	7.89%	6.62%	6.48%	
25.38	7.79%	7.79%	6.59%	6.59%	理事長
21.95	7.65%	8.03%	6.30%	6.68%	理事
25.38	8.05%	7.69%	6.84%	6.48%	理事長
17.00	8.23%	8.23%	6.44%	6.44%	理事長
19.61	8.83%	10.07%	6.30%	7.54%	理事長
22.10	9.77%	11.16%	7.80%	9.19%	監事
21.11	9.91%	10.19%	6.85%	7.13%	理事長
17.32	10.59%	10.59%	7.65%	7.65%	副理事長
23.40	8.00%	7.80%	6.41%	6.21%	理事
23.78	8.71%	8.47%	6.61%	6.38%	
22.73	11.06%	10.79%	7.74%	7.47%	
19.50	8.45%	8.20%	6.27%	6.02%	副理事長
24.09	9.53%	9.53%	7.75%	7.75%	理事
21.82	7.88%	7.88%	6.20%	6.20%	
18.27	7.93%	7.93%	6.61%	6.61%	監事
45.56	9.84%	9.50%	8.01%	7.66%	副理事長
20.53	9.04%	6.78%	8.05%	5.79%	監事
48.67	11.39%	9.02%	9.61%	7.24%	
40.12	4.97%	4.86%	4.32%	4.22%	理事長
22.15	7.08%	7.08%	5.79%	5.79%	理事
25.04	10.27%	10.27%	7.94%	7.94%	副理事長
22.54	8.07%	8.07%	7.14%	7.14%	理事
79.48	11.52%	4.87%	11.52%	4.87%	—
25.56	8.58%	0.00%	7.09%	0.00%	
20.33	7.95%	7.95%	6.00%	6.00%	
25.60	9.60%	9.60%	7.24%	7.24%	理事

｜ボクのこれまでの投資実績（2004.4～2020.7。2020.10現在）｜

購入順	区	購入時期	月	特徴	築年月
1	港	2004	4	最初の物件	1997年12月
2	目黒	2005	2	初めての借入	1999年 8月
3	目黒	2005	7	友人たちと	1989年 8月
4	目黒	2006	2	初公庫	1999年 8月
5	港	2006	8	他の銀行でも	1983年 9月
6	大田	2007	1	根抵当権	1992年12月
7	目黒	2007	7		1984年 3月
8	中野	2007	12	法人設立とともに	1982年 7月
9	豊島	2008	9	妻名義で	1993年 3月
10	目黒	2013	2	自宅を購入するために	1985年12月
11	台東	2013	3		1991年12月
12	港	2013	5		1979年11月
13	杉並	2014	3		1997年 6月
14	台東	2014	7	初仲介取引	1984年 7月
15	品川	2015	7		1985年 5月
16	新宿	2015	9		2002年 7月
17	北	2016	3	初借地権・ワンルーム以外	1979年 9月
18	文京	2016	4	初自主管理	1983年11月
19	杉並	2016	10	初店舗	1980年12月
20	中央	2017	7	再開発の可能性1?	2007年 4月
21	墨田	2017	11		1986年 3月
22	渋谷	2018	1	建替えの検討	1978年12月
23	文京	2018	8	自宅の近く	1978年 5月
24（25）	文京	2019	3	初1棟（2戸）・民泊	1959年11月
26	千代田	2019	7	念願の千代田区	1982年 2月
27	板橋	2019	12	退職金の活用	1991年 2月
28	台東	2020	7	新型コロナでも	1981年 8月

もよいのではないか、と思います。もちろん不動産投資手法の一つ、タイプの異なる物件に取り組む「分散投資」を行ったほうがリスク回避になるとも考えました。

目標といっても、優勝するとか1位になるとか、ライバルとの勝負に勝つといった性質のものではありません。不動産投資の分野で総資産額や総家賃収入などの面で1位をめざすといった目標ではなく、誰とも戦わずにすむ自分だけの目標、それが東京23区制覇です。この目標なら、「誰とも勝負せず、競争に勝った負けたと一喜一憂せず、楽しんで目標到達をめざすことができる」、そんなふうに思っています。

投資家仲間からは「無敵の投資家」と呼ばれていた

誰とも競わずに、楽しむ不動産投資――。こうしたボクの投資スタイルは、いつの頃からか「無敵の投資家」と呼ばれるようになりました。そう呼ばれるようになった最初の頃はちょっと面映《おもは》ゆい気持ちもありましたが、今ではそれを受け入れています。

なぜ、「最強の投資家」ではないのか

無敵と似て非なる言葉に「最強」があります。ちょっと言葉遊びになりますが、無敵と最強のどちらが強いか、どう違うかについて考えてみましょう。

まず、無敵と最強のどちらが強いか、です。これは最強です。なぜなら、どんな人との勝負にも勝利した結果、勝って勝って勝ちまくった結果が最強だからです。その点、ボク

は最強にはなれません。誰にでも勝てるほど才能があるとも思えませんので、勝負に挑むことすらしないように心がけています。世に「最強の方程式」とか「最強の法則」といった表現がありますが、ボクが最強の投資家ではない以上、「最強の不動産投資法」といったことを語ることはできません。

次に無敵ですが、より正確に表現すると、「誰にも負けていない」ということです。もちろん勝って勝って勝ちまくった結果が無敵となるケースもありますが、「敵がいない」「敵と戦わない」結果、負けていないから無敵というケースもあるのです。

戦っていた頃に気づいた投資の現実

この無敵と最強の違いは、ボクの投資の実体験にもとづいたものです。まだ20代前半の頃、ボクは為替や株式の投資をメインにやっていました。それらの投資では得するとき損するときが毎日あり、勝ち負けがあります。負けると悔しいし正直イタい。もちろん自分が勝っているときには負けている人がいて、その逆もあります。そして、その投資は「勝ち続けた人だけが生き残ることができ、生き残り続けているかぎり戦い続けていつかは負けて終わり」になる性質を持っています。

簡単な計算をしてみましょう。

「10％勝って、次に10％負けると、元本に戻るのではなく元本割れしてしまう」という話です。たとえば１００万円の投資で10％勝てば、１１０万円になります。この１１０万円で10％負けるとすると、どうなるでしょうか。１１０×０・１で11万円のマイナスですから、99万円となり元本割れしてしまうのです。

「勝ち続けた人だけが生き残ることができ、生き残り続けるかぎりいつかは負ける」とは、こういうことなのです。すると、「どうしたらいいのだろう？」と誰しも考えるものです。

そのときボクは、

「そうだ、このように、勝った負けたと『戦う』投資とは別の投資をすれば、悔しい思いをしなくてもすむ。懐も痛まなくてすむぞ！」

と、思いました。そのふと思い浮かんだ〝戦わない投資〟の一つの姿が不動産投資だったのです。そして戦わずに自分がよいと思うことを自由に実践し、自分がそのことに満足しながら続けていたことで、仲間の投資家からも一定程度は評価されるような投資家になることができたと思っています。

無敵の投資家が心に決めた7つのオキテ

ボクは無敵な投資家として、次ページの図に示した「7つのオキテ」を自分に課しています。順番に説明していきましょう。

プロにならず、やり遂げず、なんでも試してみる

無敵の投資家1 無敵≠最強

まず、前述のように「無敵は最強ではない」ということです。もともと投資の方向性、めざすべきところ、過程や道筋といったものが無敵と最強では違うのです。勝利をめざすのが最強、負けないことをめざすのが無敵です。無敵を自称する人が自分は最強であると勘違いしてしまうなんて、とんでもない！　戦うことをあえて避けている人が自分はスゴ

｜無敵の投資家7つのオキテ｜

オキテ1　無敵≠最強
オキテ2　プロにならない
オキテ3　0点は下策　100点は中策　70点は上策
オキテ4　いろいろと手を出してみよう
オキテ5　斬新さなんて不要
オキテ6　点より線より面で考える
オキテ7　敬語より気持ちじゃない?

イ、才能があるなんてと思うのは、不遜以外の何ものでもありません。

ただし無敵とは、戦わない、同じ土俵に上がらない選択を選ぶことであって、単に避けて手を出さないということではありません。無敵とはどういう状態なのかを自分自身としてきちんと理解しておくことが大切です。

無敵の投資家2　プロにならない

プロというのはまさしく「その道の専門家」で、ほかのことが不得手でも特定のジャンルについては最強の人ということができるでしょう。それは素晴らしいことだと思うし、そうありたいと憧れている部分がまったくないわけではありません。スペシャリスト、本当にカッコイイ響きです。物語はこのような人たちによってつくられるものです。

しかし、現実にはプロなら必ず勝てるかというと、そうではありません。特にその道のプロが活躍している市場全体が萎んでいるにもかかわらず、その市場でいちばんだと豪語していても、残念ながら結果を出すことはむずかしいでしょう。もちろんそのような状況下でも結果を出すのがプロで、そこで結果が出せないようであれば、本物のプロではない、という方もあるかもしれません。ですが、そのハードルは非常に高いもので「本当にそんな人いるの?」と思いますし、ボクにはゼッタイにたどり着けない世界です。

その点、プロの対極にいる素人であれば、その市場にこだわりはありません。自分がそのときに「ここは大丈夫かも?」と思った市場に移る、いわば違う土俵に軽やかに移って無敵であることをめざせばよいのです。

これは一言でいうと素人の強みを活かすということでもあります。

無敵の投資家3 0点は下策、100点は中策、上策は70点

これは「②プロにならない」と似た面があります。まず何もやらないという0点はいち

ばんとるべきではない策でしょう。そして普通に考えて、どんなジャンルでも、自分がやってみたいと思って一生懸命に努力すれば、目標の70％くらいはできるものではないでしょうか。学校のテストでも、どんな教科でも正しくがんばれば70点くらいはなんとかなるものです。

ところが、70点から90点、さらに１００点となると、そう簡単にはいかない。一筋縄ではいかない努力や才能が求められます。70点をとるまでの努力より、プラス30点をとる努力のほうがはるかに大変です。

投資にも似たような面があります。最強の投資家になるとすると１００％の勝ちですから、どんなにチャートを読んでシミュレーションしても、たくさんの書籍を読んで多くのセミナーに参加して勉強しても、なかなかそこに到達するのはむずかしく、まず不可能です。最強とは99人が負けて、１人だけが勝ち残る世界だからです。それに、１００点満点、最強の投資家になったとしたら、自分の自信のないところで勝負できなくなってしまいます。それもちょっと寂しいことではないでしょうか。

その点、かけた努力やコストもそれほど多くない70点をめざすスタイルだと、うまくいかなかったときに別のジャンル・土俵に鞍替えしてもへっちゃらです。〝逃げるが勝ち〟

といい放ってしまうと間違いかもしれませんが、100点というのはそれだけがんばってしまったことであり、かえってそのがんばりが重しになって動けなくなってしまうことは避けなければならないのです。

試行錯誤を楽しみ、そのときの気持ちを大事に

無敵の投資家4 いろいろと手を出してみよう

「②プロにならない」「③やり遂げない」ことを積極的に取り組めば、当然ながら余力があるので「いろいろと、手を出してみよう」となります。

不動産投資と一つの言葉で括っても、土地なのか建物なのか、戸建てなのか集合住宅なのか、1棟なのか1室なのか。さらには都心か地方か、どれだけの頭金を用意して、どんな返済方法を選んで取り組むのか。ほかにも、所有権か借地権か、商業用か居住用か、物件の管理などにどう関わるか、どんな基準で収益を測定するか……となると、まさに不動産の数だけ投資法があることに気づくでしょう。

そのうちベストなものだけを選んで、それだけで投資を続けようとすると、大成功する

可能性がある一方で、大失敗する可能性も出てきます。でも、「プロにならない、やり遂げない」と決めていれば、一つに絞った選択をせず、いろいろなものに手を出せます。そのほうが、リスクの分散・回避になり、すべて合わせて考えれば、自分が納得できる収益を得られる可能性も高くなるはずです。

単純に考えてみましょう。１００万円１本の投資商品で10万円を稼ぐより、10万円10本の投資商品で1万円ずつ稼ぐほうが「気が楽」だとは思いませんか？　ボクの15年ほどの不動産投資の経験からしても、やはり一つにこだわらず、いろいろなものに手を出してみるほうが、リスクが少なく楽しめるように思います。

無敵の投資家5　斬新さなんて不要

不動産投資は、実はとても地味な行為です。「オレはこれで10億円稼いでいる！」などと目立つように取り組む行為でもなければ、「大きなことをいっても、月に数千円の儲けしかない」などと後ろめたさを感じて陰に隠れてやる行為でもありません。

斬新さを求め、オリジナルの手法でかつ実績がともなえば唯一無二の「最強の投資家」になり、羨望の的にもなれるでしょう。でも、そこを求めていないのであれば、斬新で奇抜な投資手法を選ばなくてもいいのです。

ただ淡々と、真面目にコツコツと身の丈を踏まえて、地道に物件の数を増やしていくような投資をすべき。その他大勢でも自分の資産が増えていくのであればいいじゃないか。新手な手法や奇をてらった戦略で「華麗に勝とう」なんて思ってはいけません。

無敵の投資家6 点より線より面で考える

これはいろいろな人が話をされていることかもしれませんが、自分としては「その時だけではなく長い目で見る、一つのことからだけではなくトータルで考える」という意味で使っています。

人は失敗すると、どうしても落ち込みます。でも、本当にその失敗はダメなのでしょうか？　もしかしたら将来的には役に立つかもしれない。そう考えると失敗はその時点での負けであっても、長い目で見たら負けじゃないかもしれない。そして、長い目で見て負けのようなことであっても、他のことと合わせてトータルで負けていないようにする、そんなオキテです。

具体的に例をあげましょう。株を購入したとき、購入した瞬間からどんどん下がってしまうことってないでしょうか。1週間後に10％も下がっているのを見たら「あー失敗した」と思うでしょう。でも、もしかしたら持ち続ければ上がるかもしれません。確定前のこの瞬間（点）だけで考えたら負けが確定してしまい無敵ではなくなりますが、この先の未来まで考えたら、少なくてもまだ負けが確定というわけではないので、まだ無敵です。

もちろん、この先ドンドン下がっていって、どうしようもない状況になるかもしれません。でも、株で損をしていてもＦＸで儲かっていたら、トータルでは損をしていることにはなりません。これでも、まだ無敵です。

目の前のことに一喜一憂するのではなく、長い目で見て、そして広い目で見て投資は進めていくことが大事だというオキテです。

無敵の投資家7　敬語より気持ちじゃない？

これはどんなビジネスにもいえることですが、かたちだけの敬語を使っていると慇懃無礼な振る舞いと受け取られてしまうことがあります。そうではなく、礼節を重んじた、気持ちを込めた対応をするということです。

目立つ話はみんなデタラメ「ホントの投資」の話をしよう！

ボクの場合、プレゼンはへたくそですし、目立つことは苦手なのでできれば静かにしていたいのですが、一方で大金を稼いで、オモテに出てくる方々もたくさんいらっしゃると思います。それも「最強の投資家」の一つの姿といえるでしょう。

彼らの発言はテレビの情報番組で「億万長者の暮らしぶり」などと紹介されることがあるでしょう。マネー雑誌でも、その猛者ぶりが紹介されることがよくあります。

最強の投資家を信じきれるか

テレビや雑誌で紹介される大成功した不動産投資家の情報。それを見聞きした人すべてがその情報を見習ってハッピーになれればよいのですが、そう簡単にはいきません。「おそらく全員がうまくいかない」と、大成功した投資家自身がよく知っているはずです。なぜなら、その投資家は他の投資家が敗者となった上に成り立っていることを自分がよく知っているからです。

また最強の投資家には、うまくいかない人、いわゆる〝迷える子羊〟を集め、その人から、さらにお金を集めるような人もいます。また、大手不動産会社などがスポンサーについて、テレビや雑誌でその意向に沿う発言を繰り返す人もいます。

でも、無敵の投資家にとってはいずれも一刀両断に断ずる対象ではありません。すごいなぁと思う一方で、「ボクとは畑違いの人。そういう投資家を信奉しても、うまくいくとはかぎらない。むしろうまくいかないことのほうが多いのに……」と思うだけです。

このような勝ちをめざす投資家にあえて意見するとすれば、「投資、特に不動産投資はもっと地味・地道にコツコツとやることで、みんなが豊かさを享受できる方法だ」ということです。その不動産投資の「本当のところ」、大げさにいえば「楽しく安心・安全な不動産投資の真髄」を少しは理解いただけたらありがたいと本書をまとめました。

決して、最強の不動産投資家になるための実践本をまとめたのではありません。その期待を持って読み進めると、きっとがっかりします。「いちばん・最強」をめざす人は、それにふさわしい情報を見つけてください。

それでも本書は、誰とも競うことなく充実した不動産投資生活を送りたいと思う人にとって、無理のない道筋を提供できます。何より「すべてに勝てる不動産投資」の手法を紹介しているのではなく、親が大金持ちでもなければ地主でもない、ごく普通のサラリーマン投資家が、「すべてに負けない、競わない不動産投資」の手法、考え方を紹介しているからです。

着々、コツコツと資産が増え、生活が安定していく楽しみが味わえます。ぜひ、あなたも読み進めて楽しんでみてください。

Column

この本で伝えたい「考え方と行動パターン」

本書はボクの投資履歴。でも、これらはすべて「過去」の話です。同じようなことをしても結果が同じにならないかもしれません。それでも、「そのときどきの【考え方】【行動パターン】について知ってほしい」と思います。

昔、父の知り合いの方の家に入り浸っていた時期があったのですが、その方がこんなことをいっていました。

「たしかにノウハウ本を読めば手法がわかり役に立つことが多いけど、それを実践する読者は著者ではない。いくら『モテるノウハウ』の本を読んでも、その人になれないかぎり、同じようにモテる人になることはできない」

当時は意味がまったくわかりませんでした。でも、今はこのように考えています。

歴史の本を読んでも、その登場人物になれることはありません。ただ、その切羽詰まった状態でどうしてその判断をしたのか、その状況で自分だったらどうしたのかを考えることができます。この「考える」という行為自体が自分自身の経験値につながるのです。

百聞は一見に如かず。でも、たとえ一聞でも初耳の人よりは知っているのです。梅干しを初めて食べた外国の人はたいてい吐き出すそうですが、「しょっぱくて、すっぱいものだよ」と聞いたあとに食べた人はたいてい吐き出さないそうです。「すでに食べた経験のある人」の経験の一部が移管された結果だといえるでしょう。

本書も同じで、少しでもボクの経験が読者の方の経験値ＵＰに貢献でき、読者の投資生活が幸せになればと願ってやみません。

第１章

新人研修時にお金が浮いた！
貯金ゼロからお金を貯める

外国債から始めたサラリーマンと投資の「複業生活」

ボクは大学卒業後、1999年に新卒で、ある通信系の会社に入社しました。大手とされる会社ですが、いわゆる就職氷河期の入社です。簡単には就職が決まらず、金融機関などには相手にされず、やっと入った会社でした。当時、投資についてはまったく知らず、わからない。就職した前年に山一證券が破綻し、「投資＝バブル崩壊とそのあと始末」というイメージが強い。「投資は怖いもの」という先入観がありました。

定期預金の相談で、銀行は〝味方ではない〟と知る

なぜ、そんなボクが投資を始めたのか。それは手元の銀行口座に50万円ほどお金があったからです。入社前、貯金はほぼゼロだったのですが、入社して2カ月ほどは新人の宿泊

研修でお金を使う場所がなく、初めてのボーナスを6月にもらったので貯まったお金です。

銀行の定期預金にまとまったお金を預ければ、普通預金よりは高い利息がついて戻ってきます。これも、ただ預金するのとは違い、投資といえば投資といえなくはありません。ボクは、「定期預金にすれば、元本保証で利息もぐんと増える」くらいの気持ちでいました。そこで、その虎の子の50万円の残高が入った通帳を持って、自分の預金口座のある銀行の支店窓口に行ってみました。

ところが、この定期預金の申込みで問題が起こりました。ボクの銀行口座は東京の支店でつくったのですが、最初の勤務地は栃木県の宇都宮。そのときハンコがなくて東京の支店でつくった口座では、宇都宮の支店で定期預金の口座を開設できなかったのです。

「まず、東京の支店に行って、書類に印鑑をもらってきてください」

「ボクの口座ですよ。宇都宮から東京往復で1万円もかかる。なんで、宇都宮の支店で定期預金を組めないんですか！」

窓口の担当者とつまらない押し問答の末、「じゃあ、いい。定期を組まない！」と、ボクはその銀行からお金を全額引き出してしまいました。独り暮らしの狭い部屋に戻り、部屋中にお金をバーッとばら撒いて、いそいそと1枚もなくなっていないか確認しながら拾う。そしてまたバーってばら撒く、なんてことを繰り返したことを覚えています（実はお金をうまくばら撒くのも、コツがあることを知りました）。

ドル建てデンマーク国債を初めて購入

さて、定期預金口座の開設で腰が折れてどうするか？　独り暮らしの部屋で毎日お金をばら撒いていても、家に大金（と思っていました）があることがだんだん怖くなってきます。「どこかで預かってもらえたら。でも銀行は嫌だ」と考えていたところ、パッと思い浮かんだのは証券会社でした。ボクは通勤途中にある証券会社の窓口に行ってみました。

「お金を預けたいのですが……」

「すみません。証券会社はお金を預かるところではありません。金融商品をご購入いただいて、その金融商品で、お客さまのお金を運用させていただくところなんですよ」

窓口のお姉さんはホントにマヌケな質問にも、ていねいに答えてくれました。

「運用、ですか？　ちょっと怖いですね」

ボクが少し考えあぐねていると、

「そうおっしゃるお客さまには、債券という商品もあります。特に外国の債券（外国債）は、今利回りもいいんですよ」

「ボクは株はやりません」

「債券は株式ではないのですが……」

またも、マヌケな問答です。

「ところで、外国債にはリスクはないのですか?」

「国が破綻してしまったら困りますが、3年債、5年債と規定の期間の外国債をご購入いただければ、3年後、5年後には、きちんと規定の利息がついて元本も戻ってきます。ドル建ての外国債でも、お金は円に換算して戻ってきます」

今と同様、当時も日本の国債より外国債のほうがはるかに利回りは高く、ボクには魅力的に思えました。そうして最初に購入したのが「デンマーク国債」です。円建てではなくドル建てでした。

50万円の普通預金が定期預金にはならず、デンマーク国債に変わった。たしか金利は年5%程度でした。それがボクにとっての初めての投資です。

「お客さま、デンマーク、今はトリプルAですよ!」

「トリプルAって何ですか?」

「国債の格付けです。日本国債よりもダンゼンいい。安全です!」

日本の国債の利回りが年3%程度だった頃の話です。5%の利回りは世界の基軸通貨であるドルならば、より確実だと単純に考えました。

ドル建て債券であれば、当然ながら価格や利回りがドル・円相場に応じて変動します。でも、当時のボクは、価格が変動するということ自体よくわからなかったので、ドル・円の「相場」というものに興味を持って新聞やインターネット、証券会社のウィンドウなどを眺めていました。「1ドル=110円ほどのときに買ったけど、120円になって、ずいぶん得したな」くらいには一喜一憂していました。

結局、デンマーク国債での初めての投資は、50万円で購入して半年ごとに利息をもらい、3年ほどして55万円くらいで戻ってきました。

3000万円あれば、生きていける!

このとき考えたのは、「手元に1000万円あったらどうなるだろう、1億円あったらどんな生活になるだろう……」といったことでした。仮に現実的な額で1000万円を同じように運用していたら、元本プラス100万円ほどになって戻ってきます。半年ごとの利息はちょっとゼイタクなお小遣い。購入し続ければ、3年に1回は100万円のボーナスです。

そこで、運用について本気で考えてみたくなりました。長い人生を普通に安心して暮らすにはいくらあったらよいか、です。外国債ではなく株式運用で考えてみると、当時の期待利得（ある戦略を行なった場合に実現される利得）は8％程度だと聞いていました。一方、独身時代の生活の実感としては、社宅でしたし、毎月20万円あれば普通に暮らしていけました。そこから計算すると、3000万円を株式運用できれば年間240万円、月に20万円になります。

「よし！　3000万円貯めれば暮らしていける！」

と、妙に未来への安心感が湧いてきました。「3000万円の運用資金をつくる」ことが当面の目標になったのです。

初めての株式投資は マクドナルドの新規上場株

デンマーク国債を購入した証券会社との付き合いは、宇都宮に勤めていた数年間続きました。近くを通った際には立ち寄り、

「今、いくらになっていますか？」

「4万円ほど儲かっている感じですね」

などと確認して喜んだり、お金が少し貯まったので別の債券を購入したりしていました。

株主優待に釣られて……

入社して3年目、たしか2001年の初夏のことです。証券会社に立ち寄ったとき、

「マクドナルドが上場しますよ。マクドナルド株を買ってみませんか？　マクドナルドの

株を持っていると、いいことがいっぱいあるんですよ」

といった話を、いつものお姉さんにいわれました。

「え、何がいいの?」

「マクドナルドのハンバーガーとかが、けっこう食べ放題!」

「何ですかそれ?」

「株主優待です。たしかバリューセットみたいなセットが6回分あります」

単純ですが、そう聞くとちょっとうれしい。そこで、マクドナルド株を買ってみることにしました。これがボクの初めての株式投資です。

この株式が、マクドナルドの新規公開株。初めての上場したときの株式ということで、株価がびっくりするほど跳ね上がりました。たしか100株を購入して40万円ほど。それが上場したらすぐに50万円くらいになったのです。

「こんなに上がるって、どういうこと?」

「お客さま、新規公開株は割安に設定されていて、株価がぐんと上がる銘柄も実は多いんですよ」

そんな説明を受けて気をよくしたボクは、株式投資を始めました。狙う銘柄は吉野家や松屋のような飲食系（株主優待狙いです！）と、新規公開株。当時は、新規公開株投資は今ほど急に値上がりはしませんでしたが、けっこうよく当たりました。確実に儲けさせてもらい、本当に感謝しています。

考え込まない投資を実践

当時は、「ボクは勝ってる！　最強の投資家になるぞ！」といった、今ではゼッタイに使わない言葉を調子に乗って使っていました。でも、バブル崩壊と失われた10年のあとだったので、大なり小なりほとんどの株の値段が緩やかながらも上がっていた時期です。

購入の基準は、変に考え込まず、次のように割り切った基準で、

①すすめられた新規公開株はすべて買う
②購入して1～2カ月してちょっと上がった頃に売る
③1円株のようなボロ株を買って、少し上昇したら売る

たまたまテレビで大ヒットしていたドラマのなかで、通販で健康器具を購入しているシーンを見て、楽天という会社は知らなかったけど楽天株も買ってみました。ついでに、

ソフトバンクも……。

するとと、数年のうちにほとんどの銘柄の株価がおもしろいように上がっていました。そのこと自体とてもうれしかったのですが、「自分が予想した未来が、予想した方向に動いて、間違っていなかった」ことがとにかくおもしろかったし、うれしかった。「こうすれば必ずうまくいく！」なんて考えたことを自分の株式投資で証明していたつもりでした。

予想が間違っていたら、損失を被らざるを得ない。ですから、大げさにいえば、自分の経済・景気・企業動向に対する感覚を試すことを楽しんでいた状態です。今思えば、2000年代初めに株価はいったん底に落ちていますので、落ちてくるナイフをつかまなければ、ほとんどの銘柄は上がっていたのですが……。

「本当の投資」とは何かについて考えてみた

ボクが株式投資に積極的に取り組んでいたのは、インターネット証券各社の出始めの頃でした。勤めていた会社には株式投資に関心がある同僚も何人かいましたが、彼らも本気で株式投資に取り組んでいるわけではありません。

「オマエ、株なんてやってんの？　アブナッカシイな」

「儲かるの？　いいじゃん。どの株が儲かるか教えてよ」

「バッカじゃないの？　きっと大損するよ」

など、いろいろなことをいわれました。いろいろないわれ方をされましたが、結局、当時のボクは株で勝ち続け、１０００万円以上のお金をつくることができました。

「いい場所」だからこそ、勝てただけ

勝った要因をボクなりに分析してみれば、「いい場所にいた」ことに尽きます。「いい場所」とはタイミングとか市場といった意味です。

たとえば、僕がデンマーク国債を購入した同じ時期に株式投資から始めた同僚のAクンがいます。Aクンは、その数年後、大負けしました。勉強家で仕事ぶりも優秀だったけど、株式投資を始めるタイミングが今にして思えばマズかった。

Aクンとボクとの差は何か。それはただ単にボクが「円高の時期で外国債に投資した」という「いい場所にいた」、それだけです。知識や努力や投資センスでもなく、頭のよさでもなんでもありません。

たとえばビットコインでも、出始めの頃、「これだ！」と直感的に判断して投資していれば、誰だって勝てています。では、ボクにその直感的な判断力があったかとなると、そうは思えません。勝ったとしたら、むしろ「たまたま」としか表現のしようがない。

銀行に預けていても意味がないというか面倒だと思い、証券会社の窓口の人の意見を素直に聞き、自分がいいと思ったから投資する。いろいろな分析して上がると思ったので投

資した、というのはあとづけの講釈にしかなりません。

その点からすると、すべてではありませんが、株式投資は運のよし悪しに左右されるといえるでしょう。ボクは運がよかった。勝てる土俵を見つけて勝負するといっても、運がよかっただけかもしれません。

ちなみに、投資ジャンルには先物もあります。オイルとかコーンとかマテリアル関係の先物ですが、この投資には手を出しませんでした。３０００万円をつくるには、手数料が高すぎるのがその理由で、「この市場ではボクは勝てない」と率直に思ったからです。

本当の投資2カ条を決めておく

たとえあと講釈であったとしても、帰納的な教訓として「どういう投資をしていくべきか」を考え、決めておくことは重要です。それは必ず〝次の投資〟に生きてきます。ボクは次の二つを投資する際に留意しました。それを「本物の投資２カ条」と呼んでいます。

本物の投資第1条 稼ぐためには投資先を選ばないといけない

ボクはずっとサラリーマンが本業の投資家で、プロの投資家ではありません。プロには「その道のプロ」という専門分野がありますが、ボクにはそれがない。だから、専門分野にこだわらず、経済状況や自分の資金状態などに応じて、投資先を何にするか臨機応変に選べばよいと考えました。

そのためには、基本的には勝てる投資先＝勝てる土俵で勝負しなければなりません。五分五分の一発勝負であれば、それは博打と同じです。勝てると確信できる土俵に立ってこそ、戦わない＝無敵という呼び方もできるのです。

本物の投資第2条 自分で決めた期間で必要な資金を集めるべし

ただ漫然と、勝った負けた、儲かった損したといっていたのでは、土俵に上がった意味がありません。「○年後にいくら」ということは一人ひとりが決めればよいのですが、決めることが大事なのです。これは「投資の基本」ということができます。その目標が明確にできてこそ、どんな投資をすべきかが明確になってくるからです。

いつまでに、いくら使って、いくらにするか、投資先の規模感は三つの尺度で考える

３０００万円をつくることは20代前半当時のボクの最初の目標です。その頃同時に考えたのは「いくら使ったかによって、いくら儲かったが変わる」ということでした。

普通は、たくさん使えば、たくさん、しかも早く儲かります。逆に、少しだけしか使わなければ、少ししか儲からず、大きく儲けるには長い時間がかかります。

50万円だけだったら年利10％で運用できても1年後は55万円で、５万円の儲けにしかなりません。ところが、１億円あれば年利10％で運用できると1年後には1億１０００万円で、１０００万円の儲けです。

つまり、「勝てる土俵に立ち、できるだけ多くの資金をつぎ込めば、より短い時間で大きく儲けることができる」ということです。

時間というファクターの大切さ

この原則に立ったとき、「目標金額を稼ぐ時間」は複利で投資することによって大幅に短くできます。

30年の間に1億円を貯めるには、定期預金や外国債など、リスクの少ない、いわば投資の〝正攻法〟がきっとあります。しかし、10年で1億円を貯めるにはもっと違う方法が正攻法となるでしょう。その違う方法とは複利を最大限に活用する、ということです。

そこでボクは、単に「3年で3000万円をつくる」という漠然とした目標とともに、「○年のうちに、△円を使って、◎円をつくる」とより明快に投資の目標を考えるようになりました。

① 「いくらつくる」という「目標金額」
② 「いくら使う」という「使える（投資する）金額」
③ 「いつまでに」という「時間」

この3項目でそれぞれの投資の「規模感」を捉え、「いい場所かどうか」を判断するようになったのです。

外国債の投資を始めたときは50万円。それを、この三つの尺度で自分に合う投資先かどうかを判断しつつ、他の債券を購入し、株を売買しました。「3年で3000万円にしよう」という目標はまったく達成できなかったのですが、50万円の元手を本業の給料からのお金も足して3年で1000万円以上にすることができました。

5%利回りで55万円になったデンマーク債を、そのままにして3年後に3000万円にすると考えると55倍以上（3000÷55＝54・5）にしなければならないので大変です。しかし、そこに複利を最大限に活用していくという考え方、すなわち「常に元本プラス利息の全額で再投資していく」「寝かせているお金はつくらない」という考え方を入れ、3年で1000万円になったお金をあと2年で3000万円にするのはむずかしいことではありませんでした。お金でお金を稼ぐ複利計算に適う投資先を選べばよいだけだからです。

損すれば万単位！〝樹海行き〟におびえる

サラリーマンになって3年で、目標の3000万円には到達していなかったけれど、1000万円を超える額をつくることはできました。勤め先も宇都宮から東京本社に転勤になり、結婚もして比較的家にいる時間も増えました。

すると、夜に株式投資関連の情報をネットで見たり、自分が書き込んだりするものです。そうした情報には、家庭の主婦が株で1億円稼ぎ、億万長者と豪語していた人が急に姿を消した、といった情報も出ていました。大成功した人をうらやむ声がある一方で、〝樹海行き〟という急に行方不明になってしまう投資家に向けた言葉が流行ったりして、「投資の世界は怖い」とあらためて感じたものです。

当時のボクの投資は株式でも外国債でも、ほとんどが最小単位での購入から始めていました。それでも失敗しないように売買を繰り返していくと、複利で手元の資金が増えていく。一方で、「株式投資をするかぎり、この株価チェックや勝負を一生続けないといけない。それはつらい」とも思っていました。

しかも、手元資金が1000万円を超えた投資を行っていると、一瞬で損得が数十万単位になります。1日で100万円を超えるレベルで上下し、一喜一憂することもありました。しかも、投資した額が大きくなるほどに、どんどん利回りが低くなる（利回り＝稼ぎ÷元本で、分母の元本の額が大きくなる）という現実にも直面します。

投資家にとって利回りは、刷り込まれた直感で判断します。「利回り8％？　リスクが少ないなら、ぜひ取り組もう」「20%、アブナイだけかもしれないから、精査してみよう」といった感覚です。

自分の周囲の経済環境、いわば実態経済をにらみつつ判断するわけですが、一方で、日常の生活では130円の缶ジュースは130円のままです。ところが、動かしている資金は数十万円レベルで損したり得したり。お金やリスクの感覚が会社の同僚や一般の人とはどんどん違ってきました。

それはとても怖いことです。「金銭感覚を狂わせてはいけない」と理屈ではわかっていても、ホント怖くなりました。そして、この頃からだんだんと「リスクの少ない投資」を選ぶようになり、それに合わせてリターンも下がってきました。

大事なのはコントロールすること

ボクは「いつまでに、いくら使って、いくらにするか」、すなわち投資先や投資対象を選択して「決める」とはどういうことかと考えてみました。そして、一定の時間をかけて複利で大きく稼ぐとき、「決める」とは「一発勝負をする」ことではなく、「コントロールする」ことだと気づきました。

決めるとは勝負をかけて、あとは運次第ということではありません。ボクの投資は最初は運がよかっただけかもしれませんが、その運がずっと自分にあると信じ続けて「決める」ことを続けていたら、いつか負けていたことでしょう。

しかし、「決める」ということを、「目標を見据えながら、コントロールすること」と捉えると、ボクにもできそうな気がしてきました。逆説的に、「未来をコントロールできるようにしているからこそ、今、決断できる」ということも理解できるようになってきました。

外国債への投資、株式投資のほかにもいくつかの投資先や投資手法に取り組んできましたが、その成果は「お金をつくれた」ことだけではありません。自分にとっていちばんふさわしいのはどんな投資先であり、投資手法かを見つけ出すヒントを得られたと思っています。

Column

お米をもらうのに、1回で1000kgと毎月10kgと、どっちがいい?

お米をもらうのに1回で1000kgと毎月10kg、「どちらを選びますか?」。普通は毎月10kgもらえるほうを選びますよね。1000kgのほうは毎日食べたら減っていく。保管のリスクもあります。一方、毎月10kgのほうは全部食べても、また来月10kg届きます。

1000kgのお米が少しずつ減っていくのを見るより、残ったお米がちょっとずつ蓄えられていくのを見るほうが幸せじゃないですか?

また、お米1000kgを持っていても、同じ気持ちで食べきることは心情的にはできないはずです。残り200kgになったとき、気分的に今までどおり食べられますか?　ゼッタイに節約、我慢するでしょう。つまり、1000kgのうち、ある程度までは気分よく食べても、1000kg全部は幸せに食べられないのです。一方、毎月10kgのほうは来月になったらまた届くので、楽しみに未来を待てるでしょう。

このお米をお金に変えてみましょう。あなたにとって、1回1000万円と毎月10万円のどちらがいいでしょうか。

投資は怖い、リスクがある、という話をよく聞きますが、本当の投資とは来月のお米の10kg、お金の10万円がもらえるように行うもの、つまり明日を幸せに感じられるようになるために行うものです。明日が来るのが幸せになるために、みなさんもぜひこんな考えで投資してみてはいかがでしょうか。

第２章

最初の１戸を購入し、不動産投資で自宅も購入した

「借入れできないか」と銀行を訪ねたみた

借入れを起こしてレバレッジを効かせることで、リターンはより確実に大きくなります。ボクの株や外国債への投資はたまに損することがあっても、平均すると年70％程度のリターンが出ていたので、銀行からの借入れの金利が３％程度だと確実に返済できます。

そこで、「銀行からお金を借りよう」と考えました。「銀行に損をさせることはない」と踏んでの借入れの申込み。実は、これが大きな勘違いだったのです。

担保がない方には貸せません！

さて、どこから借りようか。ボクは特に理由もなく、給与の振込口座にしていたある大手行の支店を訪ねました。窓口の担当者と、こんな会話をしたことを覚えています。

「お金を貸してほしいのですが……」

「どうされたのですか？　家でも購入されるのですか？」

「いえいえ。そうではなくて、株を買うのです」

「え？」

窓口の担当者は呆気にとられた様子。もちろんボクは、意気揚々とこれまでの株式投資の実績を一覧表にして示し、

「このように着実に実績を上げてきました。御行にはゼッタイ損をさせません！」

と、自分の堅実な実績を強調しました。それでも担当者は怪訝な面持ちです。

「そういわれましても……。少々お待ちください」

そう告げて、後方の席で働く年配の男性に取次ぎました。おそらく、支店長か担当課長に確認しに行ったのでしょう。そして、年配の男性がツカツカと窓口に来て、こんな問答になってしまったのです。

「すみませんが、株式投資するためにはご融資できないのですよ」

「ボク、大手通信会社に勤務していて、一定の信用もあると思います。先ほどお見せしたように実績もあるし……」

「（かなり呆れたように）そういわれましても、お貸しできません」

「じゃあ、何があったら貸していただけるのですか？」

「（こいつアホだな）少なくとも、担保になるものがないとお貸しできません」

「担保って？」

「わかりやすくいうと、不動産です」

「不動産を持っていれば貸してくれるのですか？」

「はい。不動産を担保として審査して、お貸しできる額が決まってきます」

このとき、ボクは融資を受けるには担保が必要であることを初めて知りました。

「確実な投資先を見極めて、借入れをして多くの資金を投入し、レバレッジを効かせれば、リターンは大きい」というのは、理屈上は正しくても絵空事。いや、確実な投資先を見極めるなんて本当はできないのだから、博打にお金を貸さないという銀行の判断は正しいのです。

そのときは、不動産投資までは考えが及ばず、ひとまず不動産を購入して、それを担保に借入れて、そのお金で株式投資を続けようと考えていました。

投資対象としての不動産を知る

２００３年頃のことだったでしょうか。不動産を買うといっても、どう買ったらよいかまったくわからないので、まずネットで不動産会社に対して片端から検索、ネットサーフィンしてみました。

ボクは不動産を投資対象ではなく、あくまで株式投資のための借入れの担保として考えていました。ところがネットで検索していくうちに、不動産が投資対象としても注目を集め始めていることを知りました。でも、どうやって購入し、運用したらよいか、皆目見当がつかない。そこで、たくさんの不動産会社のサイトの問合せ欄から次のようなメールを出してみました。

「当方、通信会社に勤務していて、不動産の購入を希望します。ただし自宅の購入希望ではありません」

この方法は、結果的に不動産投資の方法を実地に知るためにとても有効でした。ですから、不動産投資のイロハもよくわからない方には超おすすめです。わからなければ、詳しい人に聞けばいい。これは知識を深める鉄則の一つ。ただし、相手のいうことを鵜呑みにしないことには留意しておいてください。

「前向き」を超え、〝前のめり〟な不動産会社もある

片端から問合せてみると、ものすごい勢いで回答メールが届きました。「ぜひ◯日に会いましょう!」と日付を指定して会う約束を求める〝前のめり〟な業者さんもたくさんいたので、ボクも遠慮せず日時を調整し、次々に会うことにしました。

最初に会ったのは、区分所有マンションの仲介会社A社でした。

「物件はたくさんあり、どこでも選んで買えます。もちろんローンも引けます」

「ローンを引く」とは、その物件を購入するための借入れの段取りをすることです。そんな不動産用語に新鮮さも覚えながら、ボクは矢継ぎ早に質問してみました。

「ローンも組めるんですか?」

「もちろんですよ。頭金はいくらくらい用意できますか？　お若いようですが、１００万円も用意できれば、たとえばワンルームマンションで、これくらいのローンと返済額になります。早速選んで見てみましょう！」

Ａ社の営業マンは詳しく教えてくれるのはありがたいのですが、話をトントン拍子で進めすぎる感がありました。まさに「勝ちにいく」スタイルです。そのため、「少しゆっくり検討させてください」と丁重に断りました。

次に会ったのが、主にファミリータイプの仲介会社Ｂ社でした。

「ファミリータイプへの投資だと最終的にご家族と住むことができておすすめです。結婚されていますよね。だったらワンルームを区分所有する物件だと現実には住めません」

まだ区分所有の意味すらわかっていないボクの将来設計まで考えてくれました。

「でも、ファミリータイプだと、上の階がうるさいとかトラブルもありませんか？」

「それがご心配なら、戸建てがおすすめです。投資をしている間は運営も自分でできますし、実は利回りのいい物件もたくさんあります」

Ｂ社の営業マンもいろいろなことを教えてくれました。

そのほか、いくつもの会社に根掘り葉掘り質問しました。その前の会社で聞いたことを次の会社との面談時にぶつけると、より深いことを教えてくれました。その結果わかったのは、どの不動産会社も「この物件は値上がりして儲かります。値上がりして売却できるので、投資しても安心です」と、いわゆるキャピタルゲイン（売却益による儲け）が見込めることを強調して物件をすすめることでした。

対してボクは、当時は詳しくないながらも、「ちょっと違う」と直感していました。もともとめざしていたのは資産価値が上がって儲かることではなく、担保として有効なことです。そして不動産投資について聞きかじってからは、売却益ではなく、月々の家賃収入で安心して稼げるほうが、きっと担保価値が高いのだろうと思ったのです。

漠然とした理解ですが、「物件を売るのはむずかしい。『出口戦略は万全です！』といわれても、そう単純にはいかない」と考えていました。外国債などの債券を購入したときと同様に、不動産も持ち続けて家賃収入が配当金のように入ることを想定していたのです。

「値上がりします！　出口戦略を考えましょう」といわない会社

この状況のなか、C社は「値上がりします」とか「出口戦略も考えて投資しましょう」

といったことをいわない会社でした。

「ウチは管理に力を入れています」

「管理って、どんなことですか？」

「物件を安く仕入れて、オーナーになる人の条件に合う物件を紹介し、売買が成立したら、その物件や入居者の管理をきちんと請け負うことです」

こんな話をされても、最初は「管理で会社が稼ぐことができるのか？」と思っていました。でも、C社はその管理を強化して、業績を拡大しているようでした。

いくつかの不動産会社の話をよく聞いてみて、毎晩のようにじっくり考えてみました。結果は、「C社なら、家賃収入をしっかり得たいと考える自分の意向にも合うし、このビジネスモデルならこの会社は長く続けられるだろう。C社が紹介してくれる物件から選んで購入する」ことでした。

なぜ、そう考えたのか？　実はたくさんの不動産会社に会ったからこそ気づいたのですが、彼らは「土日でもボクに会うために交通費をかけて来て、アホな質問に対して何時間も説明してくれる」のです。ボクならそんなことするだろうか？　そう考えると、よほどお金をもらっていないかぎり、やりたくないなと思いました。そこで、「不動産が売れれば彼らの人件費や広告宣伝費をまかなうだけの利益がある」ということと、「そのコストは購入者であるボクが負担することになる」と悟ったのです。

不動産投資は、最初はどうしても購入コスト分がマイナスで、時間をかけてそれを取り戻し、利益を出していくものなのだと理解しました。そのためには、

①家賃収入をしっかりと得なければならない

②付き合った会社が長く続いてくれないといけない

という二つの観点から会社を選ぶことにしたのです。

不動産業は大別して「売買、仲介、管理」に分かれます。そのうち売買・仲介がメインだと、物件が売れなくなったら経営が厳しくなってしまいます。ところが管理がメインだと、着実に管理していくかぎり経営は続けられます。本当は不動産業の経営にはもっと複雑な要素が絡んできますが、そう捉えると、他社よりC社のほうが永続する、長く続けたいボクにとっても好都合だと判断できました。

ちなみに、管理がちゃんとしていることが不動産投資の絶対条件であることは、何年も経ってから確信したことでした。

家族にも同僚にも反対されたけど、1戸目を購入！

当時、ボクは20代半ばすぎで、結婚して子どももいました。そこで妻や、まだ現役のサラリーマンで、都内の社宅に住んでいた親に、投資で不動産を買うことを話してみました。すると、妻や親は頭から大反対でした。

「オマエなあ、ちょっと真っ当に勤めてからにしろ。考え直せ！」

「まず自分の家が先でしょ！」

まるで、「呆れて開いた口がふさがらない」とでもいいたげな口ぶりでした。勤めていた会社の同僚や大学時代の友人たちも、

「バブル崩壊を全然知らないわけじゃないでしょ！」

「バッカじゃないの？」

「安易に借金をして失敗したら一生終わるっていってたのはオマエじゃん」

「とにかく、わかんないものは手を出すなよ」

といった否定的な反応ばかり。

「でも、家賃収入って実は安定してでね。借金しても、返済はその家賃からできるから安心なんだよ」

そんなボクの返答も、結局は自身の揺らぐ気持ちを自分で無理やり納得させる以上の効果はありませんでした。

最終的には株の売却で物件の購入資金を用意

資金的な余裕があり、たとえリスクがあってもそれを回避できるのであれば、否定的なことをいわれるほどやってみたくなるものです。そこで、まずC社からマンションのワンルーム1戸を購入してみることにしました。それが東京都港区にある物件でした。金額は約1200万円強。その購入資金については、次のような方法・流れで用立てました。

①まず借入れを予定した

②親に話をすると猛反対され、怒られた

｜投資の可否は利回りで判断する｜

表面利回り	家賃収入／購入価格
実質利回り（ネット利回り）	（家賃収入－管理費修繕積立金）／購入価格
キャッシュフロー利回り	（家賃収入－管理費修繕積立金－ローン支払い）／頭金

※収入・支出はいずれも年間で計算

息の長い不動産投資については、実質的な投資収益・効率がどうか、すなわち「キャッシュフロー利回り」で投資の可否を判断する

③翌日、「しかたがない」と思った親が、ボクの口座に購入資金を振り込んでくれた

④「これはマズイ」と思ったボクは、持ち株をいくつか売却した

⑤それで購入資金を親に返して、ボクの不動産投資がスタートした

お金の話をより正確にいうと、物件の額は諸費用を含めて約１２７０万円で、結果的に借入れはなく、購入にかかるお金はすべて自己資金です。ちなみに、購入時の家賃は月に８万３５００円でした。

家賃を購入価格で割った表面利回り（上図）は、７・８９％でした。効率の悪い投資ではありません。ただし、家賃から管理費や修繕積立金などを引いたボクが受け取

れる家賃収入で計算する実質利回り（ネット利回り）は6・48％でした。

立地は港区の芝公園の近くです。ボクの通っていた大学の通学経路でもあり、大学当時は親の勤め先の社宅に住んでいて近所でした。見知った場所で、公園や東京タワー、増上寺なども近く、閑静ながらも浜松町などのオフィス街にも近い。電車や飛行機など交通の便もよい。C社の担当営業マンも「これはおすすめです」と太鼓判を押してくれました。

でも、人生初の不動産投資ですから、買う前は妻と2人で何度か足を運びました。物件のところで「ヒビ割れしているところはないか」と触ってみたり、遠目で「あの部屋だよ」などと感慨深げに眺めてみたり。最初は「ゼッタイやめといてね」といっていた妻も、ボクが初めて物件のオーナーになる頃には、まんざらでもない素振りを見せていました。単に呆れていただけかもしれませんが……。

実はこの1戸目のときは、会社の先輩と一緒に同じ不動産会社のC社からワンルームマンションを買いました。もし1人だったら、最終的に購入の決断はできなかったかもしれません。後述するように不動産投資において仲間がいることは大事ですが、1戸目のときから一緒に始めてくれた先輩がいたことは本当に運がよかったと思います。

しげしげと見に行ったのは初期に購入した物件だけ

ボクは今、東京23区の制覇を目標に不動産投資を重ねていますが、実は投資する物件を実際に現地でちゃんと確認したのは、4戸目の物件までです。

最初は、どうしても気持ちがソワソワするもので、「購入前によくチェックしなければいけない」という気持ちにもなるもの。ところが、その気持ちもだんだんと慣れも出て、物件を見ずに立地や利回りなどの条件しか見なくなりました。

デンマーク国債を買うのに、デンマークまで行く？

慣れが出てチェックする気持ちが薄れてしまうことには、おそらく次のような事情があるでしょう。

・一棟ものに投資しているのではなく、マンションの一室であること
・物件そのものの詳細なチェックはプロにしかわからないこと
・数戸に投資していくと、自分の所有物という感覚がなくなること

デンマーク国債に投資する人がデンマークの経済状況を実地に確認しに行くことはまずありません。それに、「オレ、デンマークのオーナーなんだよ」なんてことをいう人もいないはず。つまり、投資対象を確認しに行くかどうか、いい換えると不動産投資における投資対象と自分の関係は、他の投資と同様なのです。

このことは購入資金が自己資金か借金かに関係ありません。ボクは投資物件の戸数が増えるほどに「自分の物件」という所有感覚が薄らいできました。自分の所有欲を満たすことに躍起になっていては、利回り、収益のシミュレーションといった運用面に力を注ぐ不動産投資を続けることはむずかしくなる……と思います。

銀行に借金している感覚も薄らいでいく

ボクは2戸目以降の物件の多くは、金融機関から借入れして購入しています。69ページ

借金できればキャッシュフロー利回りが高くなる？

購入価格	：1000万円
頭金	：100万円
家賃	：7万円（年間84万円）
修繕積立金	：2万円（年間24万円）
ローン支払い	：3万円（年間36万円）の場合

①無借金でのキャッシュフロー利回り
（84万円－24万円－0）÷1000万円＝6.0%

②頭金100万円、借金900万円でのキャッシュフロー利回り
（84万円－24万円－36万円）÷100万円＝24.0%

に示した「キャッシュフロー利回り」のように、投資において借金ができれば頭金が少なくてすみます。

そうすればキャッシュフロー利回りの計算式の分母が小さくなり、キャッシュロー利回りが高くなり、投資効率がよくなるのです。すると借金も「利回りを高める投資のための資金」であり、自分が銀行から借金をしている感覚もなくなります。これも、不動産投資においては一概によくないことだとは思っていません。

銀行に借金している感覚も薄らぐ直接的な理由をあえてあげれば、返済は自分が行っているのではなく、物件の入居者が行ってくれている感覚があるから。また、

投資からのリターンの一定分を金融機関に配分している感覚があるからでしょう。

ボクの手元には家賃が入ってきて、その家賃からローンも含めた必要な支払いが出ていって残りを自分の収入とする。それだけです。

極端にいえば所有している感覚はなく、運用している感覚だけがある。それがマンションの区分所有という不動産投資なのです。

「長く続けられること」を第一の基準に

いろいろな不動産会社と商談しましたが、最初の物件として港区芝公園の物件を選んだ基準は「長く続けられること」でした。本当に長く続けられるかどうかはわかりません。「その可能性ができるだけ高い物件を、その可能性が高い不動産会社の営業マンから購入した」ということです。このことは不動産投資を始めた当初も今も変わっていません。

考えている方向性が一致していたC社

C社は20代半ばの不動産投資の経験も知識もないボクにも、ていねい、親切に対応してくれて、「当社は毎月、着実にマンションを仕入れて販売し、特に管理に力を入れています」といった会社の方向性を明快に示してくれました。管理に力を入れるということは、売って終わりではなく、これから長くお付き合いをするということです。そして、管理で収益を上げていればその会社はつぶれません。売買だけで会社を維持していかなければならないと、必然的に売買での利益を多く確保する（つまりボクに高いものを売って利益を稼ぐ）必要がありますが、この会社であれば、売買で利益が上がらなくても、そののちの管理で利益を確保できる、と考えました。その方向性が当時の自分の考えていることに近く、親近感を覚えたのです。

契約が終わったあと、担当のTさんが「将来的には村野さんやお仲間の方から、毎月1戸マンションを買ってもらえるようになる」と語っていました。不動産は大きな買い物ですので、「マンションを毎月、周囲の人だけで購入するなんてムリだよ」と思っていました。でも、今ではボクの仲間たちだけでそれがほぼ実現できていますから、その担当営業マンの「予言」はあたっていました。

ボクは「結局〝運のいい人・ツイてる人〟についていったほうがいい」とも思っています。当時、その運のいい人・ツイてる人がC社のTさんだった……ボクがうまくいったのはただ、それだけということもできます。

将来に夢を持って購入する

誤解を恐れずにいえば、不動産会社の人はちょっとコワモテで、お金儲けの好きそうな〝山っ気〟のある人が多いような気もします。でも、このことに気圧されてアレコレといっても、結局、そのなかから誰かを選ばないといけないのです。

相手に押し切られて物件を買うのでは、自分の投資に夢が持てず、楽しくありません。せめて「他人・他社を悪くいわない」とか「聞いたことには、すぐ、きちんと答えてくれる」とか共感できる面があり、しかも、自分が望んでいることに的確にアドバイスしてくれて、長い付き合いができそうな人のほうがいい。

大手がいいとか全国網があるとか、よくある不動産会社の選択基準とは少し異なるかもしれませんが、ボクは今もこのようなことを重視して、担当営業マンと不動産会社を選んでいます。

不動産投資を始めて数年は次々に物件を購入

不動産投資を始めて数年は、毎年1～2戸ずつ物件を購入していきました。居住用のマンションなら、「なんてムダな！」と思うかもしれませんが、投資の元手であり所有欲もありません。

所有欲が高ければ、不動産を買うことが目的にもなりますが、ほとんどの不動産投資家には収入を得て安定・安心できる生活を実現したいなど、買う目的が別にあります。その目的に向かって、手段として物件を購入しているのです。

事故物件？　と思えるような2戸目

1件目の港区芝公園の物件を購入して1年ほど経ったときに、同じC社の営業マンにすすすめられて購入したのが目黒区中目黒の物件です。この物件についても、購入前に妻と2人でちょっとだけ見に行きました。すると、最近はすっかりオシャレになってきた中目黒の片隅に、壁が剥がれかけた廃屋のような怖い雰囲気のマンションがあり、すすめられた物件はその隣のマンションでした。

「この辺、なんか怖そう。この一角全体がちょっと事故物件みたいね」

「ヤバイかもしれない。なんで、こんなところのワンルームをボクに紹介したんだろ?」

夫婦で、そんな会話をしたことを覚えています。

少し悩みましたが、結局、購入しました。ボクは1件目を借金して購入したわけではないので、物件のよし悪しを検討することより、どうしても借金をしてみたかったのです。もちろん、中目黒という場所が高校時代の通学の途中駅だったこともあり、馴染みもありました。

初めての借入れは本当にドキドキしました。「あぁこれでボクは借金をしてしまうのだ」と人生が大きく変化してしまう感じがしたことを覚えています。しかし、不動産会社が用意してくれた書類にサインして、ほんの30分くらいで手続きは終わってしまいました。なんだか肩透かしを食らったようです。そんなことで、頭金を3割くらい入れて、めでたく借入れを起こして購入することができました。

仲間のお金を借りて購入した3戸目

3戸目は、2戸目を購入してから半年足らずの同じ目黒区の物件です。

当初この物件をボクはまったく購入するつもりがありませんでした。ただ、2戸を運用していて、家賃は安定的に入ってくるし、不動産は悪くない投資先だと思っていました。借金をして不動産投資を始めてしまった自分を正当化したい、という気持ちもあったかもしれません。学生時代から付き合いのある仲間や勤めていた会社の同僚などにも「不動産投資はおトクだ」ということを認めてもらいたかったことも背景にあります。

一言でいうと「不動産っていいね」と話し合えるような投資家仲間がほしかったことが3戸目の購入につながったのです。

大学時代の仲間と飲んだとき、

「不動産投資をやっててね、今、芝公園と中目黒に投資物件を持ってるんだ。不動産って安定してお金が入ってくるからいいよ」

とすすめていました。もちろん、

「そんなに稼げるなら、自分だけでやってろよ」

と突き放す人もいた。でも、

「そんなに稼げるなら、お金貸すからオマエが買えばいいじゃん」

という人もいました。結局、3戸目はそうしたお金を貸すという仲間5人から50万円ずつ借りりて、合計250万円を頭金に、残りを銀行から借入れて購入しました。仲間からの借入れの金利は単利で年5％、ちゃんと借用書を交わしました。これもレバレッジの一つです。

もちろん家賃が入ってくるので、利息を払っても常にプラスでした。そんな姿を見た仲間5人のうち2人は実際に不動産投資を始めてくれました。そして、残る3人には、

「あのとき、もっと強気にすすめてくれてたら、今頃、もっと楽な暮らしができてたぞ！」

などといわれます。不動産投資をすすめるのはなかなかむずかしいものです。

4戸目から7戸目は政府系金融機関などをアレンジ

4戸目は実は2戸目と同じ目黒区中目黒の物件です。この頃には借入れや不動産投資についていろいろな不動産会社が主催するセミナーにも出席していました。「不動産投資の仲間、できないかなぁ」なんて思っていたのですが、周りの方はボクよりだいぶ歳が上で、仲間づくりは失敗に終わりました。

そのなかで、あるセミナー講師の方が日本政策金融公庫（以下、公庫）から融資を受けて不動産投資を行っているという話をされていて、ボクも公庫から借入れをしてみたくなったのです。何より一般的な銀行より金利が低く、国の機関だから信用できる。ボクは早速、当時住んでいた借上げ社宅の近くにある公庫支店に行ってみました。

実績があり、書類がきちんとそろっていれば大丈夫

昔、一度、株をやるための借入れを銀行には断られていて、これまでは不動産会社の提携の金融機関でしか借入れをしたことがありませんでした。だから新規の金融機関だと、「ダメかもしれない」とも思っていました。けど、実際は借入れることができたのです。

ドキドキして窓口で呼ばれる順番を待っていたときのこと。ボクの直前の相談者はラーメン店の開業資金を借りにきていたようです。

「オレのラーメンはゼッタイうまい。みんなもそういってくれる。有名な△△（聞いたことがないお店でした）で修業した。だから、お金を貸してほしい」

などと、ボクから見ても「それじゃお金貸してくれないのでは」といった対応でした。それを聞いて、ボクは妙に自信が湧いてきました。「ボクのほうが一応数字も書いてある資料持ってきたし、手堅いはず。3戸の不動産投資の実績もある。大丈夫だ」と。

結局、不足資料もあったりして、何回か訪問する羽目になり、時間もかかりました。でも借りることができました。金利も1・95％と当時としてはかなり低めでした。

銀行とは異なる公庫の安心感。金融機関とのお付き合い

ボクの不動産投資では、1戸目は現金、2戸目と3戸目は銀行から、4戸目は公庫からの借入れで進めてきました。2戸目、3戸目の銀行はC社がすべて対応してくれたので、実はほとんど「出てきた書類にサインしただけ」という状態でしたが、4戸目の公庫は自分で飛び込んだため、自分でやった感があります。

そもそも公庫は法人・個人を問わず事業に対する資金を融資する機関です。個人が行う不動産投資も、不動産賃貸業を営む個人事業主という「業種」に区分され、その事業の設備投資としてお金を借りることができます。

「公庫からお金を借りることができました！」

ボクはTさんに連絡を入れました。すると、

「それはよかったですね。金利、低いですからね。これからは、いろいろな金融機関と

お付き合いしたほうがいいですよ」

とアドバイスをくれた。そのとき、他行と比べて金利は高めだけれど頭金をほとんど入れなくてもいい銀行があることなど、銀行によって相当の違いがあることを知りました。

そして5戸目は、「A銀行で頭金をそれほど入れなくても購入することができますから」とTさんにいわれて購入した物件です。港区麻布の東京タワー近くの物件です。これまでの物件と比較すると築古だったので少し心配でしたし、「頭金が少なくて購入できるって大丈夫かな？」と思いつつも手元の資金が減らないこと、別の金融機関とお付き合いできることが目的で購入してみました。

利回りと金利の関係で、ゼッタイ得する借入れがわかる

借入れに際して重要なチェックポイントは、投資した物件の利回りとの関係です。不動産投資の運用状況ということもできるでしょう。

ボクの投資法では一つひとつの物件の家賃から諸経費を引いた手取り家賃の利回り（ネット利回り）が6％を下回らないことを運用の判断基準にしていました。この基準で

見ると、芝公園の物件が6・62、中目黒が6・59、目黒が6・30……となっています。この利回りより高い金利で借入れたら、プラスの運用にはなりません。不動産投資のテクニックとしては「1戸で損をしても全体で見れば得する方法」もありますが、損得の判断の原則としてはあり得ません。

なぜ、バブル崩壊によって不動産投資が破綻したのか。端的にはネット利回りよりも高い金利で借りてしまっていたからです。これでは、たとえ元本の返済がなかったとしても利息だけでキャッシュフローがマイナスになり、収益を生まないどころか返済のために別のところからお金を持ってこなければならなくなります。あたり前ですが、このような状況では不動産投資を継続していくことは不可能です。

同じミスを自分がやるわけにはいきません。その点、ネット利回りより低い金利で借りていれば、確実に〝サヤ〟がとれます。**不動産投資は物件そのもののよし悪し以上に、ネット利回りと金利の関係に気を配るべき**です。

なお、個々の物件のネット利回りは自分で簡単に計算できます（左図参照）。物件の販促資料に書かれている家賃から営業マンに聞いた諸経費を差し引いて、12倍して物件価格で割り算をする。それだけで、損な投資か得する投資かを判断できます。

｜自分で計算できるネット利回り｜

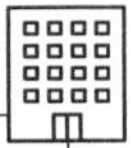

家賃：7万円　諸経費：2万円　物件価格：800万円
（7万円－2万円）×12÷800万円＝7.5％

効率よくキャッシュフローを出していくには「借入残高に対する実質家賃収入の比率」も考慮したい

上記の計算の場合、
20%>(7−2)×12÷借入残高>7%
になるよう借入残高をコントロールしています

また、キャッシュフローを効率よく出していくためには、いくらまで頭金を入れて残りを借入れすればいいのか（いくらくらいの借入なら危険ではないか）を計算することもできるようになります。

こういったことが理解できると、**不動産投資って、入居さえ確保できれば意外とシンプルで楽しいことがよくわかります。**

6戸目での小さな冒険

あるとき公庫から連絡がありました。4戸目を購入した際に、

「今後も事業しやすいように、根抵当権を設定したらいかがでしょう」

新たに物件を購入したら、とある銀行から「返済されて根抵当権の枠が空いてきて"使えるお金"も確実に増えています。新たに物件を購入できますよ。ぜひ使ってください！」

といわれて設定していたのですが、その後、

といわれたのです。

6戸目はこの連絡があって購入した物件です。実は、当時は「根抵当権ってなんだっけ?」くらいに考えていたのですが、「自由に使えるお金が確実に増えている」という言葉に気をよくして購入した、いわば「根抵当権を使う」という目的のために購入したといってもいいでしょう。

根抵当権が自分の「消費」のためのローンに設定されていると、あとあと返済に窮して大変な事態に陥ることもあるようです。しかし、個人でも事業に使う場合は、「担保枠の範囲内で自由に出し入れできる運転資金」と考えることもできます。「融通が利く小さな冒険」といった感じでしょうか。金利は変動で、当時は2・9%。リーマンショックの直前でしたが、そうした経済情勢はあまり気にせず、金利と利回りの関係だけ押さえて根抵当権を設定し、6戸目を購入しました。

場所は大田区平和島。それまで港区や目黒区の物件に目をつけていたボクにとっては、

ちょっとした冒険でした。東京湾に近い流通団地の広がっているところで、お世辞にもブランド地区とはいえません。羽田空港に近いので利便性は高そうですが、空港に近すぎるというのも住環境としては評価が分かれます。そのうえ、かなり老朽化し、外壁のタイルがところどころはがれ落ちているマンションでした。

Tさんに相談してみると、

「ボロかろうが何だろうが、周辺で働く人はたくさんいます。入居者がいてくれれば確実に家賃が入る。この物件には確実に入居者がいます。客付けできる物件ですよ」

とすすめてくれました。

不動産業界で入居者を見つけることを「客付け」といいますが、この物件はまさに客付けが確実にできる物件だったのです。投資物件はそれぞれ異なりますが、家賃収入として捉えれば、大田区から入ってくる5万円も港区から入ってくる5万円も同じ5万円です。家賃がちゃんと入ってくる物件という条件さえ満たせれば、違いはないといってもいいでしょう。

しかも、物件価格が安かっただけに、ネット利回りが7・54％と格段によかった。それも買ってみようかという気持ちになった理由です。

駅近という絶対条件を無視した7戸目

7戸目は、目黒区でも少し郊外の東急東横線学芸大学駅が最寄り駅の物件です。あるときTさんから連絡があり、

「村野さん、利回りがいいのが出ました！　古いですし駅からも遠いのですが、バス停が目の前にあります。今の家賃は高すぎるので退去したら家賃は下がると思いますが、下げれば入居者は付くので大丈夫です！　おすすめします！」

Tさんはさすがです。プラスをアピールしつつ、ちゃんとマイナス面も混ぜてきます。これまで「家賃を上げていけるようなところを買いましょう！」といっていたのに、家賃が下がる物件をすすめるってどうなんだ？　と心のなかでツッコミを入れたことを覚えています。

この物件の最大の特徴は、利回りがよいこと。購入時のネット利回りが9・19％でした。そして、もう一つの特徴は最寄り駅から歩いて約15分と少し遠いこと。ただし、実際に物件を駅から歩いて見に行ったことはないので、本当のところはわかりません。立地条

件から考えると、駅から遠いだけに物件価格が下がるものの、家賃はそれほど低くない物件といえます。

当時の資金状況は借入れの残債があるので余裕があるとはいえませんが、サラリーもあったので、6戸からの手取り家賃は毎月貯まっていました。そして連絡があったことに気をよくしていたボクは、公庫はもっと貸したがっている……と思い込んでいました。

1000万円程度の物件であれば、いつでも買える気になっていたボクとしては、この物件を購入するのに躊躇する理由はありません。Tさんに「購入します」と伝えて、公庫に連絡しました。

「また物件購入するので、お金貸してください」

「え？　この前、お貸ししたばかりですよね」

「はい、またいい物件があったので買おうと思ってるんです」

「はぁ……、普通はそんな頻繁に買うものではないのですが……」

（あれ、風向きが変わった？）

「この間、『また、ぜひご利用ください』っていってましたよね」

「いや、それはそういう挨拶でして……。こんなにすぐに、次も！　という話ではないですよ」

「もしかして、厳しいですか？」

「やはり、もう少し返済の状況を見てからじゃないと……」

こういうときは、冷や汗が背中を流れてきます。Tさんにはすでに、買うと伝えています。しばらく交渉した結果、条件としては返済の期間を短くすることで借入れを認めてもらいました。資金繰りについてはていねいに、くれぐれも慎重に進めないといけないと感じました。思い込みは、ゼッタイダメです。

会社をつくってみたいと考え始めた

7戸目の物件を購入した頃は31歳になっていたのですが、だいぶ前から会社をつくってみたいと思っていました。別に大きな野望とか素敵なビジネスプランなどはありません。でも、会社員なのに会社を持っているって、カッコイイ感じがして憧れていたのです。

不動産投資を法人として行うべきか個人事業で行うべきか、そのメリット・デメリットはいろいろ説明ができます。ただ、当時のボクにとっては、「法人をつくってみたい」という気持ちが一番先にきていましたし、結局どちらにもメリット・デメリットがあるので、いわば「どちらでもよい」ともいえます。

不動産投資仲間に聞くと、複数の物件を手がけていくようになると、多くの不動産投資家が法人組織で取り組みたくなるようです。それぞれ「法人をつくる意味」があり、たとえば税制上も事業的規模として必要な支出を経費で落としやすくなります。そんなメリットは知りつつも、無敵の投資家のオキテ「まずやってみる」ことを実践すべく「そろそろ法人をつくってみよう」という気持ちが芽生え、その気持ちが徐々に大きくなっていったのです。

8戸目が法人で最初の投資。社長である妻も〝プチ参入〟

ボクは2007年8月に株式会社を設立しました。もともと3戸目から7戸目までの物件購入に頭金をほとんど投入していなかったことに加え、家賃や確定申告の還付金等が貯まっていたので、それを資本金としています。

法人の資本金は、その額をいったん取引銀行にキャッシュで入れないといけないのですが、そのお金を銀行に寝かしておいてもしかたがありません。そこで購入したのが8戸目の中野区中野坂上の物件です。これにより法人の収入が少し確保できました。

新設した法人の代表を妻にお願いする

法人の設立にあたっては、妻に役員報酬を払うことにしました。めでたい起業でもあり、顧問税理士にも相談した結果、ちょっと奮発して月給30万円。でも、そのままだと、妻に所得税が発生してしまいます。「これはもったいない」と、妻に物件を一つ買ってもらいました。節税のためです。それが9戸目の豊島区池袋の物件です。

物件を購入するときには必ず手数料や諸経費などが発生します。たとえば年の後半に購入すると、家賃はそんなに入らない一方で、これらの費用は変わりませんから損益通算で赤字になり、妻の所得税は少なくなります。これは、不動産投資家が最初に行うであろう節税のイロハのイです。

私事ですが、妻はボクにとって会社の先輩。ボクの最初の赴任先である宇都宮で知り合い、ボクが東京に転勤する際に彼女は結婚退職し、専業主婦を続けてきました。そして、ボクが法人組織をつくる際には、代表取締役にもなってもらったわけです。

さすがに、「サラリーマンのボクが別の会社の代表だと、勤め先の手前もマズイだろう」と思っての対応でした。当の妻は、最初は「ワタシが社長？」とおっかなびっくりだったものの、登記や銀行口座の開設などであちこちに行ってくれましたし、会社が借入れをする際には社長の連帯保証もしてくれています。本人がどう思っているかわかりませんが、ボクとしては巻き込んでしまって申し訳ないと思いつつも大変感謝しています。

「灯台下暗し」の顧問税理士選び

この法人設立に際しては、顧問税理士をつけることにしました。税理士の選び方は、最初の不動産投資の際の不動産会社選びとほとんど同じです。気になった税理士事務所に片端から問合せメールを送り、必要に応じて面談していろいろと質問をしていくわけです。

ところが、今度はあまりうまくいかなかった。いろいろな税理士さんと面談しても、積極的に「当事務所と契約を！」という感じではなかったのです。まぁ、こんな若造がいきなり現れて「会社つくりたいんで顧問税理士になってください」といっても、税理士さんとしては困るのでしょう。法人は10年以内に9割が倒産するといわれているなかで、ビジョンも強みもなく、単に「会社をつくってみたい」というだけで動いているボクの相談に真剣に乗ってくれる税理士さんはいませんでした。

でも、ボクにはそんな税理士さんの心情は、今ならわかるものの、当時は全然わかりませんでした。ですから、ひたすらアポをとっては「うーん、作業はやってくれるだろうけど、いろいろと教えてくれる感じではないなぁ」と肩を落として帰っていきました。

実は税理士を顧問として入れようと考えるまでは、どこの税理士法人、どの税理士に頼んでも大した変わりはないと思っていました。ところが、面倒なヤツと思われながらもいろいろと聞いてみると、税理士には月次報告や年度決算、申告手続きなどの税務のほか、法人税、相続税、資産税などの税目の得手不得手があり、取り組み・対応姿勢、料金体系などにもずいぶん違いがあることがわかりました。

結局、どの税理士を選んだのか――。ちょっと拍子抜けしてしまいますが、当時ボクたち家族が住んでいた借上げ社宅の1階に税理士事務所があり、その税理士の息子さんとボクの長男が同じ幼稚園に通っていたらしく、妻が「感じがいい人だよ」と紹介してくれたので、その縁があって、会社の顧問になってもらいました。

顧問として士業（資格者）を抱えることの意義

法人をつくる際に、どの税理士を顧問に据えるのか。これは、なかなか悩ましい問題です。みなさんも、起業したばかりでそれほどお金は潤沢ではないなかで、顧問税理士をお願いするには躊躇する面もあるでしょう。

しかしボクは、税理士をはじめ、士業を顧問として据えることの意義・メリットを次のように考えています。

たとえば、社長と社員にそれぞれ子どもがいて、ともに交通事故を起こしてしまったとします。そのとき、社員の子どもの示談のために弁護士を雇うとなると、それなりの弁護士費用がかかります。弁護士の実力も未知数です。ところが、社長の子どもの場合はまず会社の顧問弁護士に相談するでしょう。そうすればアドバイスくらいは無料でしてくれるはず。裁判となったら有力な弁護士を紹介してくれるかもしれません。

世の中、なんて不公平なんだろうとは思いますが、社長には身近に法律に詳しい「弁護士」がいて、その気になれば法律にどんどん詳しくなることができるのです。一方、社員のほうは法律に詳しくなろうとすると、それなりの気概を持ち、お金も払わないといけません。つまり、法律に詳しくなるためのハードルが社長より格段に高いのです。

会社をつくると、当然ながら士業・資格者を顧問として受け入れることもあります。そのメリットは、よろず困ったことが起きたとき、それぞれの法律や規則に照らして、無理のない対応をアドバイスしてもらえることです。身近に家庭教師を置くことで自分自身がその分野に強くなっていくという点からも、顧問を抱えられること自体が会社をつくる大きなメリットともいえそうです。

法人ではなく個人で不動産投資を行っていた頃は「これで合ってるのかな?」と何度か税務署が行う税務相談会に参加しながら、苦労して確定申告の手続きをしていました。正しくできていたと思いますが、あとになってから「あのとき、こう申告しておけば税金が還付されたのに……」ということも多々あります。でも、当時は相談できる相手がいなかった。それが今はいろいろと確認できますし、アドバイスももらえます。法人として税理士に顧問として対応してもらうメリットは、とても大きいと実感しています。

入居者からの家賃収入で２０１３年に自宅も購入！

２０１３年のこと、ついにボクも自宅を購入しました。購入資金は銀行から融資を受けたのですが、返済は自宅購入に際して新たに投資した３戸の不動産の入居者からの家賃収入です。つまり入居者からの家賃、いわば他人からのお金をアテにして、タダで自宅を買わせてもらった……そういう感覚です。

リーマンショック後、しばらくは購入を手控える

自宅の購入額の総額は約５０００万円。文京区にある戸建てです。その購入資金のやり繰りについては、２００８年のリーマンショック時の対応から関わってきます。

リーマンショックに日本が見舞われたとき、どの企業の経営者もサラリーマンも投資家

も、「大変なことになった！　業績悪化で会社がつぶれてしまう！」と大騒ぎしました。たしかに、ちまたでいわれていたとおり、不動産業界でも企業業績が下がり、社員の給料がダウンし、多くの会社が倒産しました。

そしてその「大変だ！」と叫び、ぼやいている営業マンたちからボクたち不動産投資家は物件を購入することになるのです。同じようにボクたちも「大変だ！」とはならないまでも、売り手の不安は伝わります。不動産は高い買い物だけに不安になります。

ボクも不安になって、以前から手がけていた株や債券などの〝紙系〟の投資がどうなっているかを確認してみました。すると、やはり株価は下がっていました。正直「もう見たくない」というレベルです。以前のように株取引を土俵にしていたら相当に危なかったのですが、そのときのボクの土俵は不動産投資でした。

では当時、不動産投資による家賃収入はどうなっていたのか――。

物件価格は下がったのかもしれませんが、売却したわけではないので正確には不明です。それでも、家賃はまったく変わらず毎月振り込まれてきました。1戸だけ退去があって「家賃を下げないと空室になってしまうかもしれません」といわれてビビって少し下げましたが、それ以外は退去もなく家賃は順調に振り込まれていました。

当時、不動産の売買を生業としていた人たちは大変な状況に陥っていました。「在庫を抱えているけど売れない」といったところが投げ売りし、購入側はもっと投げ売りがあるだろうと買い控えるという状況で、どんどん苦しくなっていたように思います。

ところが、ボクのように**居住用不動産の「家賃」をメインに考えていた人にとってはほとんど影響がなかった**のです。金利も引き下げ圧力がかかりますし、物件価格も下がる方向に進むのであれば、むしろありがたい状況だったのかもしれません。

「どんな不景気でも、人は家に住む。それは変わらないから、物件価格が下がるなら今は買いどきかもしれない」と実感したのです。

自宅購入を考えたものの、暗礁に乗り上げる

すでに9戸の物件を所有していたボクは、「キリのいい10戸目はやっぱり自宅かなぁ」なんて考えていました。折しもリーマンショックで、ちまたでは投げ売り物件が出ている様子でした。

「自宅が安く買えるなら、今だよね」

「子どもが転校をしないところがいいかな」

などと考えて、毎週末ごとにモデルルーム見学にいそしんでいました。

ところが、思わぬ誤算がありました。全然決まらないのです。不動産投資をやっているボクとしては、どうしても自宅であろうと投資用物件としてしか見ることができません。するると、モデルルームを見て「ほしいなぁ」と思っても、新築マンションの価格は投資基準とは合わないのです。とにかく設備も過剰なほど立派だし、保育所とかついていて管理費も高い。

余談ですが、当時は保育所がついているマンションがけっこう売り出されていたのですが、投資の観点から見ると特定の人しか使用しない設備を全員の管理費負担で運営するのはあり得ないと思っていました。仮に入居して子どもが小さいときは保育所を使用したとして、大きくなったらどうなるのでしょう？　マンションの売買が盛んに行われて、若い子育て世代が毎年購入するのでしょうか？　今はいいかもしれないけど、先々を考えたらどうするのだろう、という設備があるマンションは、投資として考えた場合にはゼッタイに避けるべきだと思います。

そんなボクの考えとは逆に、妻は自宅を購入するのであればきれいで環境がよくて設備の充実しているところがよいと考えていました。結果、値段の高いところがよくなってくる。これでは真逆を向いているので、自宅購入は完全に暗礁に乗り上げました。

当時は勤め先の借上げ社宅で、2人用の社宅に子どもが生まれて4人で住んでいましたが、それ以上の家賃負担がなければ、たとえ投資効率が悪かったとしても妥協することができます。でも、当時の家賃は駐車場も入れて4万円以下くらい。そんな条件で購入する自宅を探しても、見つかるはずがありません。

担保余力で自宅購入資金を借り、新規購入物件の家賃収入で返済

一度は暗礁に乗り上げた自宅購入ですが、一計を案じました。

まず、自宅を購入するのと同時に、より家賃収入が確実な不動産物件を自分で精査して購入します。そして、自宅購入資金の返済は新規に購入した投資物件から得られる家賃収入を充当するという仕組みです（次ページ図）。この方法であれば、自宅を購入しても手元からの持ち出しは増えません。自宅をタダで購入しているようなことになるのです。

この仕組みを確実に実現できる物件探しを始めました。そして、2012年には自宅の

｜自宅をタダで手に入れるスキーム｜

2013年2〜5月、自宅物件を選定・購入。3つの物件の家賃収入（計約18万円）を自宅購入のローン返済に充てる

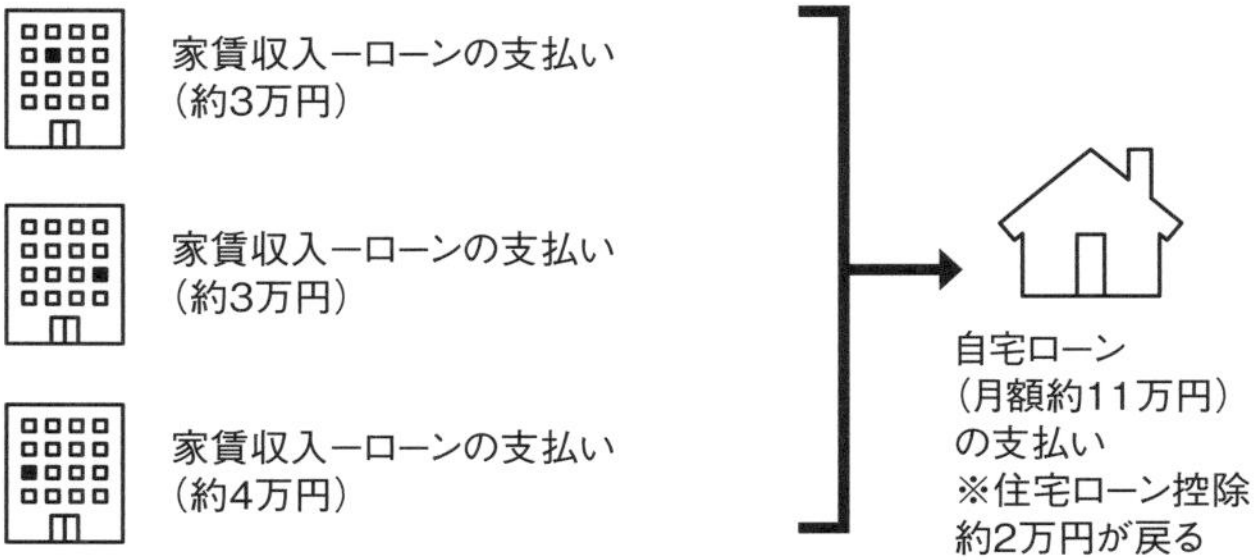

土地を決め、投資による収益と返済計画をにらみながらシミュレーションを重ね、3戸買えば確実に返済できることがわかり、2013年に営業マンに連絡をして購入しました。

自宅はマンションではなく戸建てを新築することになりました。文京区の後楽園に近い直角3角形のいびつな土地で、建物はトイレとお風呂以外は5角形などの部屋をした不思議な間取りです。自分でレイアウトを考えながら、「こんなものがあったらいいよね」とか「こういうのをつくりたい」などと家族で話して進めたのが新鮮で楽しかった。

自分が住む家だと投資効率なんてどこ吹

く風。泡断熱にしてみたり、設備を充実させてみたりと、コストが必要以上に高くなってしまいました。

結局、自宅に対する考え方は妻のほうが正しかったのかもしれません。

投資物件が先か、自宅が先か

不動産投資家にとって、不動産投資を重ねるより自宅を先に買うべきか、それともあとにすべきかといった議論があります。夫が不動産投資家だと、

「まず、自宅でしょ。自宅も用意できていないのに、不動産投資なんてやめてよね！」

といった妻の声を聞くケースもあるようです。

それに対して、どちらが正解だとはボクにはいえません。それぞれの家庭の事情や暮らし方を考慮して、自分で判断すべきことです。

ただ、自宅の住宅ローン返済を優先してしまい、毎月の返済に窮しながらだと自宅以外の資産形成ができなくなってしまうケースが散見されます。社宅があるなど自分の家賃支払いが抑えられるような環境にいるのであれば、自宅をあと回しにして資産を形成してい

くほうが、お金が貯まっていくので有利でしょう。

十分なお金が貯まった段階で自宅の購入を考えるのもよく、ボクのように返済には新たな家賃収入を充当すると決めて、そのための投資物件の購入を優先する方法もあります。

自宅の購入は冷静に見れば投資ではなく、出費以外の何ものでもありません。しかも、普通は30年ほどかけて支払うような大きな出費です。でも、その出費に対して楽しく幸せに暮らしたいと夢を見る。その夢・目的の実現のために覚悟する出費と考えてもいいでしょう。

そうであれば、30年にわたって収益が上がるものをセットで買えば、自宅をタダで手に入れたのと同じことになります。少なくとも、お金が確実に入ってくる仕組みをつくっておけば、高額なものもそれだけ安く手に入れることができます。後述しますが、不動産投資はこのように「未来の時間を買うこと」と捉えることもできるのです。

不動産はレバレッジが効く債券？

不動産投資を重ねてきて実感することは、「こんなに安定して、レバレッジも効く投資はほかにない！」ということです。

もともとボクは定期預金をしたくて資産運用を始めたのですが、とにかく損をすることが嫌だったので、もっと手堅く、もっと効率よく、をめざしてたどり着いたところが不動産投資です。個人的な感覚としてはリスクがほぼないものとして、普通預金→定期預金→債券の順に利回りがよくなっていくと考えていますが、借りたお金で、その債券を購入しているような感覚で進めているのが不動産投資だと思っています。

もちろん、そのためには安定した家賃収入が入ってくることが前提なので、そこには注力しますが、安定した家賃さえ確保できれば利回り商品でしかないのです。

銀行は最低の投資先かもしれない

このような考え方から銀行を見ると、ちょっと乱暴な表現ですが、「なぜみんな、なんの得にもならないのに、銀行にお金を預けているんだろう」と本当に思います。「銀行にお金を寝かせておいて、なんの意味があるの？」と聞きたいくらいです。

特に勤め人は安定した会社・職業できちんと勤めていれば、確実にサラリーが入ってくるはずです。そのため、病気などの緊急事態を除いてよけいな貯金は要りません。その貯金を不動産投資にまわすほうが、より合理的で安定します。

法人で投資するにしても同じです。投資の世界では法人であっても個人であっても、資金を寝かしておくのが最もやってはいけないこと。特に「無敵」をめざすのであれば、一発勝負に賭けるのではなく、安定して小さな利益をコツコツと継続的に積み上げる必要があるので、資金を寝かせておく余裕はないはずなのです。

自分が休んでいるときも同じように資金を休ませているようではいけない。お金はどんなに働いても文句をいわず、働けば働くほど仲間を連れてきてくれる……このようにシンプルに考えてみてはどうでしょう？

別の不動産会社と付き合ってみた

文京区に自宅を構えたとき、この土地を紹介してくれたD社との付き合いが始まりました。店長のNさんは不動産業界の人っぽくない手堅さがあり、今までお付き合いをしていたC社のTさんとはまた違った信頼が置ける人でした。そのNさんに紹介されて購入したのが14戸目の物件です。立地は台東区池之端。初めての仲介での物件購入で新鮮でした。

自宅購入時の雑談で、ボクが不動産投資をやっていることを知っていたNさんから突然連絡があり、「こんな物件があるのですが、買ってみませんか？」とすすめられた物件です。D社は都内でも文京区周辺に強い地場の不動産会社。地場の不動産会社というのは、その地場に根ざした情報をこっそり教えてくれます。これまでC社との付き合いをメインにしてきたボクにとっては、それも新しい発見でした。

この14戸目の物件も、「地元の方が所有していた物件を売りたがっている」という情報がある程度で、いわゆるレインズ（不動産流通標準情報システム）など一般の中古不動産市場には出ていない、載せる前の物件でした。そのため、相場と比べて安く購入でき、利回りがいい。少々古さはあるものの、購入時のネット利回りは7・75％でした。

Column

狩猟民族と農耕民族

古来より人は食べるために「狩猟（採取）」か「農耕」を行ってきました。狩猟（採取）か農耕か、無敵の投資家をやっていると、つくづく「自分は農耕民族だなぁ」と思います。

実は農業こそ本当に無敵の不動産投資に似ているのです。種を蒔く、手をかけて育てる、たまに嵐が来て大変なことになる、収穫する、収穫したものでさらにたくさんの種を蒔く、手をかけて育てる……まったく不動産投資と同じです。

物件を購入し、その物件をきちんと維持管理して家賃を確保する。その家賃を貯めて新たに物件を購入し、管理する。これをルーティンのように繰り返すことが、不動産投資での資産拡大の本質です。

不動産で利益を上げる方法として「安く買って高く売る」という手法もあります。これをボクは狩猟民族的で投機だと考えています。

獲物が見つかれば大儲け。見つからなければ、その日は食べるものはありません。獲物を見つけたら奪い合いです。いい猟場があれば、できれば教えたくありません。狩りの上手な人が多くの獲物を獲得し、下手な人は獲物にありつけずに餓死してしまう……そんな生き方です。

今あなたがやろうと思っている「投資」、それは本当に投資ですか？それとも投機ですか？　きっといちばんよくないのは投資のつもりで投機に走っていたり、投機に挑んでいるつもりで安定性を追いかけていたり、そんなチグハグな行為かもしれません。

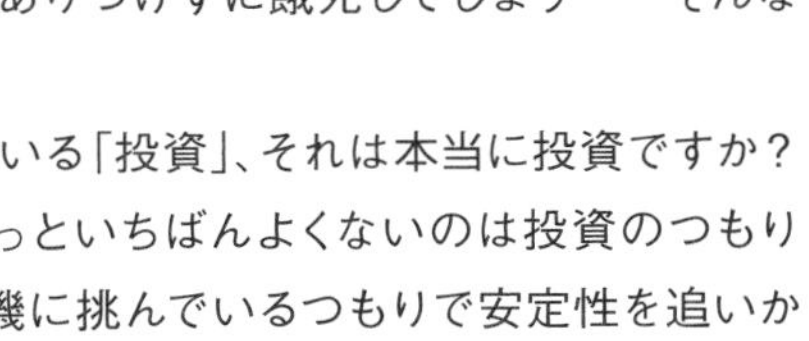

第3章

新しい投資形態にチャレンジする

借地権の物件、自主管理物件を購入してみた

新しい不動産会社との取引は、ボクの不動産投資に〝幅を持たせてくれる〟メリットがありました。この頃から、城南地区とは異なる23区内にもより目を配るようになり、同時に、単純にワンルーム物件だけでなく、借地権が設定されているものなど投資対象を少し変化させてみることにも取り組み始めたのです。

借地権の物件を購入した

そこで購入したのが17戸目の北区赤羽の物件です。それまでは概ね20平方メートル前後のワンルームマンションに投資していましたが、この物件は45平方メートルほどの面積があるファミリータイプ。それが借地権で販売されていました。

初めての借地権の物件でした。リーマンショックから5年以上が経ち、不動産投資市況は投資家にとって厳しい状況になってきていました。物件価格が緩やかながらも上昇し、投資家の仲間たちとも「単純に区分所有をするのとは別の方法も視野に入れておかないといけない」などと話していた時期です。

一般に、借地権の物件は担保価値が相対的に低いので、不動産投資には不向きといわれています。また借地権の物件は借地料を払わないといけません。一方、当然ながら所有権の物件より価格は安いので、利回りが高いことがわかってきました。購入時のネット利回りは8%。表面利回りだと9～10%と、これまでの物件よりも高かったのです。加えて、購入後の手間の面では、借地権でも所有権でもほとんど変わらないことがわかりました。

また、借地権には新旧の二つがあり、新法借地権に規定された定期借地権は設定後、決まった年月が経過すると権利を戻さないといけない。不動産投資を大きな自分の買い物と考えると損得以外の〝感情〟も生まれますが、投資して運用する立場では感情抜きに損得でシミュレーションして判断すればよい。そう考えると、定期借地権は投資の〝出口〟があらかじめ見えている不動産投資と考えることもできます。

ただ、ボクは〝出口〟を考えた不動産投資をするつもりはなかったので、同じ借地物件なら旧法借地権のほうがいい。北区赤羽の物件は旧法借地権の物件でした。

加えて、投資対象を城南地区から広げると、東京23区というものが見えてきます。これまでに20戸近い物件に投資していたので、「東京のすべての区に物件を保有している投資家っていうのも、いいんじゃないか」と考えるようになりました。「23区制覇」という目標が現実味を帯びてきたのです。

なお、前述のように北区赤羽の物件はワンルームではなく、45平方メートルのファミリータイプです。一般に不動産投資では狭いワンルームのほうが利回りはよく、空室期間も短いなどの面で有利だといわれていますが、この物件は利回りもよかった。それが購入の決定要因でした。

ところが、この物件は特に旧耐震という古い物件でもあったため、担保価値は見込めません。このようなことも新ジャンルの投資によって得た実地の知識です。

18戸目は大きなチャレンジ

18戸目の物件で、また新たな投資対象にチャレンジしてみました。文京区本駒込にある「自主管理物件」です。この物件の新築時の価格は、バブル期ということもあり3300万円だったと聞いています。これをボクは850万円で購入した。購入前の家賃が4万8000円だったので、「前の購入者がローンを抱えていたら返済できなかっただろう。ずっと持ち出しではさすがに厳しく、そのために売りに出した」と推察します。

物件の管理には建物管理と賃貸管理の2種類があります。建物管理とは文字どおり建物を管理することで、賃貸管理とはその建物の賃貸すなわち入居者について管理すること。前述の不動産用語でいう客付けが大きな仕事です。

ボクがこれまで購入した物件の建物管理については、ほとんどが大手の管理会社が管理をしていました。ところが、自主管理物件にはこの管理会社が存在せず、所有者が自分たちで管理することになります。「自主」というのは、まったくの個人が管理する場合もあれば、管理組合（のようなもの＝自主管理組合）をつくって管理する場合もあります。

不動産投資家の立場で見ると、自主管理物件は少々怖く、個人や素人の行う管理では限界があることが多いので悩みました。しかしこの物件は今までと違い、自宅から自転車で行くことのできる近所にありました。しかも購入当時の家賃が異常に安く、今後、家賃を上げられる見込みもあります。また購入価格も安いので、最悪、家出をしたいときの隠れ家にしよう！　と思って購入を決断しました。

地元の信用金庫にアタック！

実はもう一つ、この物件では大きなチャレンジをしています。今まで融資はC社提携ローンと公庫の2種類を使っていたのですが、せっかく自宅も購入したということで、地元に根差した金融機関である「信用金庫」とお付き合いをしてみたいと考えたのです。同じ文京区でもあり近所でもあるこの物件を購入したいので、と話を持ち込んだらうまくいくのではないか？　と思ってT信用金庫さんをアポなしで訪ねました。

「すいません、最近、近所に自宅を購入し、ここで根を張ろうと考えています。そこで地元の金融機関さんとお付き合いをしたいと考えておりまして。ついてはこの物件を購入したいので融資をお願いしたいのですが」

「書類をご準備いただきありがとうございます。あれ？　ほかにも不動産をお持ちですね」

「はい、実は区分所有物件をいくつか所有しておりまして」

「あぁ、区分なんですか。1棟はお持ちではないんですか？」

実はこのやり取り、インターネットで見たことがありました。区分所有のワンルームマンションは担保価値がないため、たくさん所有していると与信が欠損し融資が受けられなくなるという話です。でも、それはおかしいと思っていました。

「はい、すべて区分所有で持っています。同じ10戸を所有するのであれば、1棟で10戸を所有するより、10か所で10戸を所有しているほうがリスクとしては分散されていると考えているためです。収入として同じであれば、経営としてリスクを回避したほうがよりよいのではないでしょうか！」

「私は売買で儲けたいと考えているのではなく、家賃を安定した収益として、事業として拡大させていきたいと考えています。そのため、一度も売却したことはありません！」

こんな話を熱く語り、T信用金庫さんも理解を示してくれました。

結局、18戸目だけではなく、今までの個人名義の物件もすべて低金利で借り換えをさせていただくことになりました。そしてこの物件は地道に家賃の適正化を図り、購入当初の家賃は月額4万8000円でしたが、今では6万4000円になっています。

店舗用・事業用物件も購入。マンションの建て替えにもチャレンジ

19戸目も、ボクにとっては新しい試みです。その前の年の仲間たちとの忘年会で「次は店舗を買ってみたい」と話をしていたのです。居住用不動産の投資から事業・店舗用不動産への投資の拡大といえばカッコがつきますが、実態は「ボクだけの最高のラーメンをつくってくれる、そんな店舗が入居している物件のオーナーになってみたい」という安直な動機でした。

ところが、アレコレと物件探しをしてみたけれど、特に飲食店舗はコレといった物件があまり市場に出ていない。あったとしても、飲食店舗用不動産として専門業者が対応していますし、よい物件は高値でフランチャイズチェーン店が押さえています。

ボクに勝ち目はありません。むしろ、普通の住宅用マンションとは別の流通や市場があると感じました。

ニューハーフラウンジに進出!?

そんな状況でどうするか逡巡しているとき、ある店舗物件情報を見つけました。杉並区高円寺の駅から至近。大通り沿いのマンションの地下でレイアウト図にはなぜかステージがあるものでした。値段も手頃で、今までだったらゼッタイにオモテに出てこないような物件です。

仲介の物件でしたので、D社のNさんに連絡して調べてもらったところ、現在入居しているのがなんとニューハーフラウンジだとのこと。ボクはまったくそちら方面には疎く、しかも夜のお仕事なので少々及び腰になっていたのですが、Nさんに、

「世の中は広いから、いろいろな経験も大事ですよ」

などとそそのかされて買ってみました。

実際に買ってみて、オーナーとして入居者のママさんに接してみると、いろいろなことがわかりました。オカマとニューハーフとゲイと女装家との違い。それぞれの〝ギョーカイ〟にいる人の特徴やらお金の支払いぶりの違いなど、ボクたちは一括りにしてしまいがちだけど、彼ら彼女たちは彼ら彼女たちなりにボクらとは違う立場で暮らしている。そん

なちょっとしたことが新鮮で本当に楽しかった。そして、店舗不動産を扱うことは、一味も二味も違うむずかしさがあると感じました。

なお、店舗用としては、２０１９年に24戸・25戸目として文京区根津の戸建ても購入しました。この物件は、１Ｆはテイクアウト店で、２Ｆは民泊として活用しています。

仲間と同じマンションを買った20戸目

20戸目もボクにとって新しい投資対象へのチャレンジです。中央区勝どきにあり、これまで懇意にしていたC社営業マンのTさんから2年ぶりに購入した物件です。

不動産会社は、マンションのいくつもの部屋を一括して仕入れて一括で販売するケースがあります。その「一括すること」を一般に「バルク」といいます。この物件は、そのC社がバルクで20部屋近くを所有していたものを販売していました。

営業マンにすすめられて、ボクのほかにも不動産投資をやっている仲間、友だち数人も購入したことを、あとになって知りました。

通常、誰が物件を購入したか不動産会社は顧客の守秘義務もあり、言いません。ところが、この物件の購入者は互いに購入したことがわかってしまった。

「ボク、この物件買ったよ」

「マジで？　オレも買った」

「えー。なんか、オーナーが昔からの仲間なのも変な感じだよね」

妙な違和感があるのですが、結局、そのことが効を奏しました。後章で述べますが、今はボクがこの物件の管理組合の理事長をやっています。

立地を厳選すれば、おいしい対象はたくさんある！

理由・目的はさまざまですが、14戸目くらいから東京23区内の城東地区の物件も徐々に増えてきました。21戸目となる墨田区押上の物件は、買うまでは押上という立地に特に購買理由はなかったのですが、物件を買ってみて、ボクが墨田区に対して持つイメージがガラリと変わりました。

東京のワンルーム物件を中心に投資していると、どうしても墨田区、葛飾区、江戸川区といった城東地区は敬遠しがちになります。相対的に物件価格が低く手を出しやすいのですが、家賃も低く設定せざるを得ないので家賃収入という利益を得にくいのです。

しかし、人口は多い。すると、**たとえば区役所や主要駅の周辺は思った以上に便利で、入居者の需要もあります**。立地を厳選して投資先としての物件選定を間違わなければ、けっこう手堅い不動産投資になるのです。

また、城南地区でも、世田谷区はボクのような不動産投資家にとって意外に手を出しにくいものです。面積も広く、人口も多い。マンションよりも戸建て物件やアパートが多く、高級住宅地も控えています。そのため、ワンルームマンションの区分所有をターゲットとする不動産投資家には、市場が〝見えにくい〟のです。

マンションの建て替えにもチャレンジしてみた

22戸目となる渋谷区幡ヶ谷の物件は、マンション自体が建て替えの検討をしていました。投資物件の建て替えに関わったことのないボクとしては、新たな取り組みです。

実際の建て替えに関わると、その実務の大変さがわかります。金額的に10億、20億円といった規模になりますし、建設会社との交渉や周辺企業・関係者への説明などもあります。

「空中権ってなんだっけ？　当事者同士、何を取り決めればいいの？」といった素朴な疑問に始まり、「空中権に関わる開発と権利譲渡契約」「容積率と建て替え難易度の関係」なども調べないといけない。建て替え交渉の前面に立つわけではないけれど、こういった勉強も大切になってきます。

不動産投資を続けていると、本当に勉強になります。自分の取り組んでいることが本当に投資なのか、投機になっているのではないか、そもそも本当の投資とはどうあるべきかといろいろなことを考えます。

法人をつくったあとは、投資と事業をどうやって区分けしていくべきかについても考えました。もちろん、ボクの場合は法人の代表は妻ですから「ボクって何？　法人では何をしたらいいの？」と自分の存在意義を確認するようなことも……。いろいろなことを考える時間を与えてくれるのが不動産投資なのです。

そして、千代田区神田神保町、板橋区成増、台東区田原町……と買い続けて、２０２０年７月現在で合計28戸、東京23区では16区に物件を持つことになりました。

足るを知る モノの値段

30代のうちはあまりお金がなかったので、「支出の効率化」を考えていました。「支出の効率化」とはお金を使うとはどういうことかを知る、ということです。つまり、支出に着目して、本当にそれが必要なのかを考えることです。

まだ不動産投資をする前にある雑誌の取材を受けたことがあり、その取材で「1・1倍ルール」について話しました。

買おうかどうしようか迷っている商品があったとき、その値段が1・1倍だとしても購入する場合は買う。これが、ボクがものを買うときの一つの基準です。

無駄な支出を減らせるほかにも、ボクとしては買うものはすべて1割引で買えたと思い、トクした気持ちでいられます。

ちなみに今は「3割ルール」で、3割高くてもそれを買うかどうかにシフトしています。

このルールを実行してわかったのは、幸せに生活するために必要なものはかぎられているということです。たとえば腕時計だと、数千万円の時計もあります。ですが、「正確な時間を知る」という時計本来の目的を考えると、数万円で買えるソーラー電波時計が機能としては完璧で、ボクとしてはこれで満足です。

世間を見ると、ほしいものをわざわざ探してまで手に入れる人が多いように思います。ほしい「もの」を探すのであれば必要なことだと思いますが、「ほしい」ものをわざわざ探すなんて、お金が余って使いたくてしかたがないのかな、と勘繰りたくもなります。どんなときも、「足るを知る」ことが肝心です。

第４章

不動産会社とのカシコイ付き合い方と物件選びの知恵

不動産会社はどのような物件を投資家に紹介するのか

不動産投資では、どの物件に投資するのかを決めることが、とても重要です。まず、ボクがどう決めているのかを説明します。

ボクは不動産投資を始めてからずっと、TさんやNさんといった信頼できる不動産会社の営業マンからの物件紹介を受け、自分の投資の目的や方向性、運用の状態などを加味して、投資の可否を判断していました。個々の物件については不動産会社が提供してくれる販促資料で確認し、より正確に確かめたい場合は特定の資料をそれぞれの不動産会社から取り寄せたりしていました。

この段階での留意点は、直感的に「自分には無理だ。投資しないほうがいい」と思った物件にはゼッタイに手を出さないことです。たとえ割安に買えたとしても、不動産は安い買い物ではありません。一方、大きな出費だとしても運用で解決でき、それ以上のキャッシュを生み出せるのが不動産投資の妙味です。ところが運用面に自信のない段階では、「安定的に運用できると考えられるかどうか」が大事な判断基準になってきます。

不動産会社も物件のマイナス面はあえて言わない

実は、不動産会社との商談のなかで、〝だまされる〟人がたくさんいます。たくさんの不動産投資初心者をはたで見ていると、かわいそうになるくらいごまかされて、だまされてしまうのです。

典型的な「買ってもよい物件とゼッタイに買ってはいけない物件」の例を一つ紹介しましょう。5階建てのマンションで、**5階は眺望がよいけど買ってはいけない。3階は眺望がよくないけど買ってもよい**例です。一般にマンションでは高層階のほうが入居者にも好まれるので、物件価格は高く設定されます。それが5階も3階も同じ価格だと、5階のほうが割安感もあり、つい購入してしまうのです。

ただし買ってはいけない理由は単純で、この例の5階建ての投資用マンションにはエレベータがないのです。そうしたことを〝売らんかな〟の営業マンのなかにはきちんと説明しない人もいます。

「最上階は眺めがいいですからね。転居があっても、次の入居者も確実にいて、家賃にも困らないですよ……モゴモゴ」

などとごまかされると、つい割安だなと思って購入してしまう。でも、いまどき階段で5階まで上がるというのは大変なことですので、なかなか空室が埋まることなく投資は失敗！　となってしまうのです。

3階より5階のほうが物件価格が安く設定されているケースもあります。でも、大事なことは価格ではありません。家賃がちゃんと入ってくるかどうかなのです。このような場合も含めて、どんなに割安でも、ボクは家賃が入らない可能性がある物件は買いません。

どんな人の意見も鵜呑みにしないほうがいい

特に、投資初心者は不動産会社の言葉巧みな営業マンの話を鵜呑みにしがちですが、話を聞いて、「営業マンがいってること、本当かな?」と思ったら、別の情報でも確認してみましょう。

たとえば、インターネットでその物件を検索してみるだけでも多くの情報が手に入ります。場合によっては自分で実際に現地に行ってみて、物件の購入者としてではなく、入居者の立場になって確認してみることも必要かもしれません。

なお、先の例のようなごまかしは、マンションの築年数でも部屋の設備や間取りでもあり得ます。たとえば「築浅」であることは事実でも、安い資材を使っていて見えないところが傷んでいるケースもあるでしょう。

そうしたごまかしを、ごまかしと理解したうえで取り組むのであればかまいません。でも、ごまかされていることに気づかず購入してしまうと、あとが大変です。ごまかしても入居者が入ってくれる時代ではありません。結局、後悔するのは投資初心者であるあなた自身です。つまり、「自分だったら解決できるか否か」が重要な物件選定のポイントになってくるのです。

ボクが物件を見るのは特別な目的があるときだけ

前項で「入居者の立場になって物件を確認してみることが必要」と書きました。でも、ボク自身は最初のうちこそ物件を実際に見に行きましたが、やがて、確認する特別な目的がないかぎり行かなくなりました。

その理由は、見ても結局わからないからです。ボクたち建物の素人が見ても、納得感は得られず、「わからないものをしげしげと見ても、しかたがない」と考えたのです。

購入時に物件を「見る」ことの重要性を否定はしませんが、ボク自身はGoogleマップと航空写真、ストリートビューで十分だと考えています。

納得感の観点から行くかどうかを決める

特別な目的というのは、たとえば、自主管理物件で、ちょっとした改修など「自分で手を入れる」場合です。また、管理組合の役員に就任するようなケースですと、購入時には行かなくても、購入したあとに行くことになります。

そのほかにも、部屋の設備を入れ替えたほうがいいと不動産屋の営業マンにアドバイスを受けたとき、自分でそう判断したときには見に行って確認し、何を、どう入れ替えるのかを調べたうえで判断します。

それこそ、最初のうちは物件を見に行って、

「これがボクの資産になるんだ！」

と感慨に浸ることがあるのも事実です。その気持ちを「見なくていい！」と切り捨てるつもりはありません。要は自分の気持ち、納得感の問題です。

不動産投資は高額なものを購入する行為です。せっかくその決断をするのであれば、一番大切な「納得感」を大事にして進めてほしいと思っています。

よい物件とは何か再定義しておこう

ボクにとってよい物件とは何か。その唯一の答えが「家賃がちゃんと入る物件」です。実は物件そのもののよし悪しについては、見た目のよし悪しはわかっても、表面上のみで裏のところまではよくわかりません。立地のよし悪しはわかりますが、それも立地に応じた家賃が設定されてきたはずです。

そう考えていくと、結局「よい物件」とは「家賃がちゃんと入ってくる物件である」という一つの答えに収斂されていくのです。

「家賃がちゃんと入ってくる物件」を噛み砕いていくと……

では、「家賃がちゃんと入ってくる物件」を「長く安定した家賃収入が得られる物件」

｜よい物件とは？｜

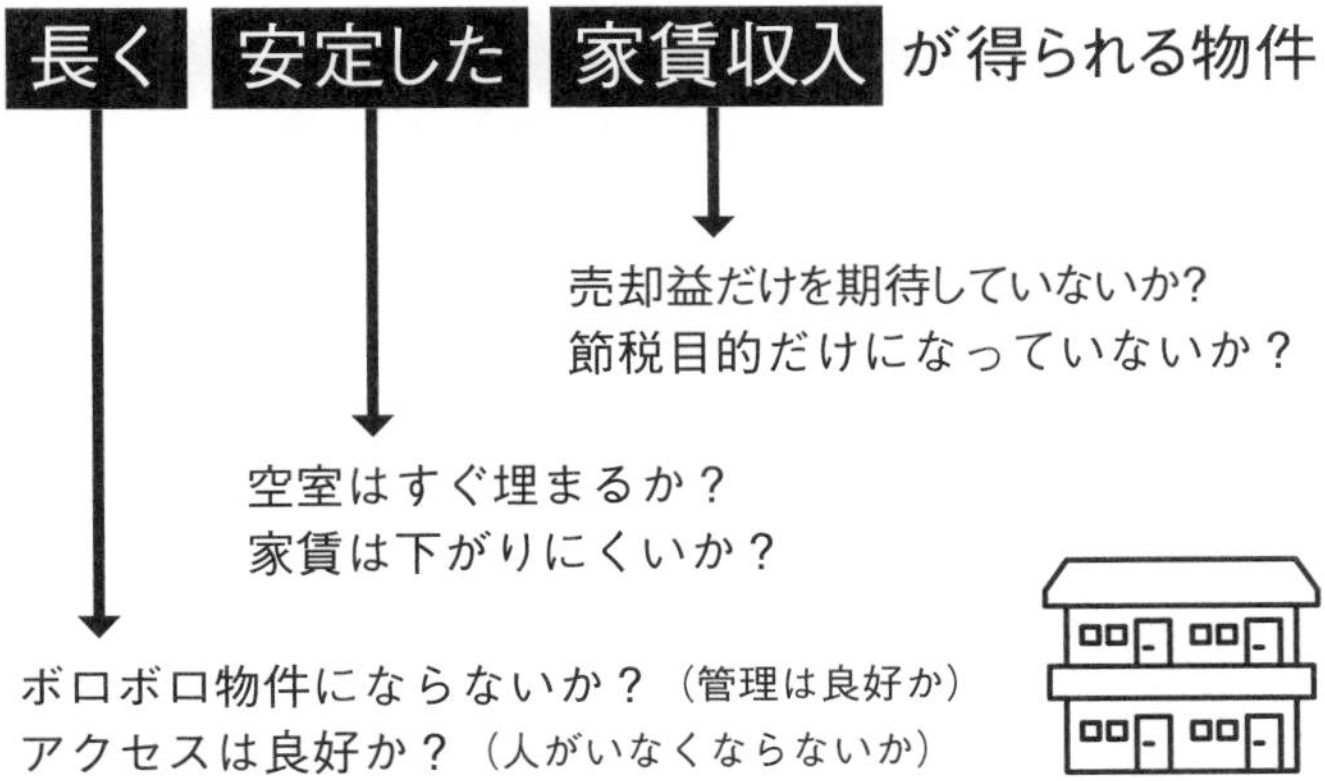
長く
安定した
家賃収入
が得られる物件
売却益だけを期待していないか?
節税目的だけになっていないか？
空室はすぐ埋まるか？
家賃は下がりにくいか？
ボロボロ物件にならないか？（管理は良好か）
アクセスは良好か？（人がいなくならないか）

とより的確に考え、少し噛み砕いてみましょう（上図）。

「長く」とは、将来にわたって「ボロボロの物件にならないか」ということで、立地やアクセスそのものが良好かも関連してきます。「安定的した」では、「空室になってもすぐに入居者がいるか」「家賃が下がりにくいか」といったことが関連してきます。

「家賃収入が得られる」とは「支出が少ない」ともいえます。毎月家賃が入ってくるけど支出も多い物件は、「家賃がちゃんと入ってくる」とはいえません。かけなくてもよい修繕や管理にお金をかけすぎない不動産投資家側の工夫も大事になってきます。もちろん、「売却益だけを期待していないか」「節税目的だけになっていないか」も関連してきます。

こうした判断基準をクリアして選んだ物件であれば、みな、よい物件なのです。居住用か事業用か都会か地方か、ワンルームかファミリータイプか、区分所有か戸建てか1棟ものかなどは問わないけれど、状況に応じておのずと答えが絞られてきます。今、2020年ならコロナショックでひとまず飲食店の事業用は控えたほうがいいでしょうし、都会か地方かについては、特に地方だと市場を精査する必要があります。

このように取捨選択していくと、たとえば東京のような人口が集中している都会の、ワンルームを投資の中心に据えたほうが安心・安全であり家賃がちゃんと入ってくると考えられます。

自分にとってよくない物件は明快にしておきたい

よい物件というのは、人によって違いがあるもの。逆によくない物件も人によって違いがあるものです。ボクの場合は、よい物件についてはいろいろな基準で考えられますが、よくない物件はとても明快に定まっています。

「新築は×」――これだけ！

ボクにとってよくない物件は「新築」です。理由は「ちゃんと家賃が入ってくるかわからない物件」だからです。

新築物件は、賃貸された実績がなく、自分で間取り、設計などを最初からプロデュースしていかないといけません。それは投資センスではなく、事業センスが求められることです。自分の自宅や事業では新築もアリでしょうが、不動産投資ではあり得ない。

投資として考えてみた場合、「そんな見込みのわからないものに、投資するのはリスクが大きい」と率直に思います。これまで実際に稼働している実績がある中古だからこそ、投資の可否を判断できるのです。

これは、自分が自宅を建ててみた実感として、よくわかります。新築の場合、キッチンや風呂など10万、20万円レベルのお金を払えば、どのようにでも対応できます。ただ、それは新築の家に自分が住む場合の検討ポイントであって、他人に住んでもらって家賃収入を得る投資家の検討ポイントではありません。

そんなことに不動産投資家である自分の満足感・納得感を求めていたら、お金がいくらあっても足りません。それより建物管理の実情だったり、建物の見えない裏の部分の構造だったりを精査するほうが大事です。

見栄えをよくするのは「売り方のルール」としてはアリですが、家賃収入を得る投資家のルールではありません。そんなことをやっていたら、家賃収入より支出のほうが増え、利回りどころではなくなるのです。

年齢相応の「よい物件」がある

ひょっとしたら、「年齢相応のよい物件」というものがあるかもしれません。20代の若い不動産投資家であれば、物件を長く所有できるので、よい物件とは「長い間、ちゃんと家賃が入ってくる」という表現ができるでしょう。「毎月入ってくる家賃は少ないけれど、30年あれば大きな額になる」ような物件です。そうであれば、よくない物件は、「短い間でも家賃がちゃんと入ってこない物件」です。

一方60代の不動産投資家となると、同じ考え方はできません。たとえば年配の投資家には「相続」という悩ましい現実もあり、「家賃が入ってこなくても、節税になれば『よい物件』」という考えもあるからです。「大きな出費になるけど、相続では安心できる」物件が「よい物件」となるでしょう。

このように、本来は収入が多いか少ないか、どれだけの労力を投下できるか、信用があるかどうか、人によって環境や状況が異なるので、それに応じたよい物件があると考えるべきでしょう。

同年代の人でも「買うべき物件」は異なる

「長く安定した家賃収入が得られる物件」がボクにとっての「よい物件」であるのはたしかですが、人によって買うべき物件は違うことも事実です。

不動産投資家でも、「いい物件があれば買いますよ」とか、「別にあせっていないので、掘出しものがあれば買ってもいいかなあ」といった考え方をする人がいますが、これは、不動産投資家のいうことではありません。

「利回りが高くて」「新しくて」「好立地」の物件、つまり「都合のよい物件」は、ゼッタイにありません。あなたのところにそのような物件がきたのであれば、だまされていると思ったほうがいい。**掘出しものは自分でつくる**のです。

そして、不動産投資家にとって、どの物件にしようかと考え選んでいる時間は「待っている時間」です。そんな都合のいい物件が出てくるまで待つとこと、それはあるはずもな

｜同年代でもお金の状況によって買うべき物件は異なる｜

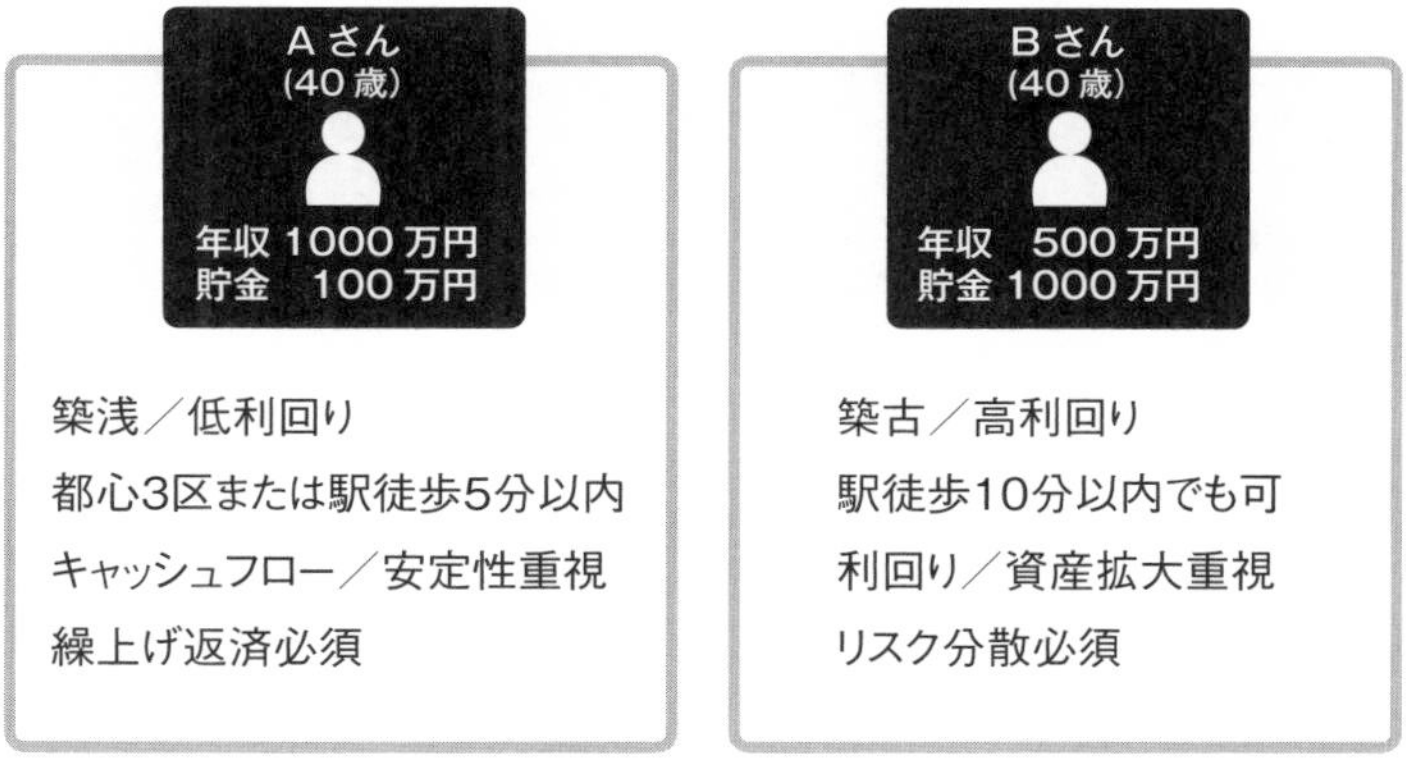

いものを待って、入ってくるはずの収入が入らない「損をしている」時間なのです。

年収と貯金の差で、「買うべき物件」を想定してみた

これから不動産投資を始めたいと考えているサラリーマンが２人いるとします（上図）。Ａさんは40歳で年収は１０００万円あるけれど、貯金は１００万円しかありません。Ｂさんも同じ40歳。年収は５００万円と普通のサラリーマン並みですが、貯金が１０００万円あります。

この２人に共通するよい物件はおそらく「利回りが高くて新しくて、好立地の物件」

でしょう。しかし、そんな物件はめったにないので、何かを犠牲にした「買うべき物件」は違ってきます。Aさんの場合は、築浅で利回りが低くても、港区・中央区・千代田区の都心3区または23区内の最寄り駅から徒歩5分以内の駅近物件を選ぶべき、と考えます。

なぜなら、貯金が少ないので借入れが必要なため、長期で借りることのできる築浅でないと投資が成り立たない可能性があるからです。そして、長期間の安定性を重視したほうがよいことから、空室になってもすぐ次の入居者がつく好立地のほうがリスクは回避でき、年収はあるだけに、繰上げ返済をしながら資産形成を進めていくことがよいと考えます。

一方、Bさんは、貯金があるのである程度頭金を入れることで短い期間の借入れでもキャッシュフローがプラスにできます。よって築古でもよく、その代わり高利回りの物件が買うべき物件といえます。短い期間での借入れとなるので、安定性は少し落として最寄り駅から徒歩5分でなくてもよく、徒歩10分程度なら最寄り駅から離れていてもいいでしょう。重視すべきことは利回りであり、高利回りがもたらす収入の拡大です。

ただし、この「買うべき1戸」に頼りすぎるとリスキーなので、リスク分散のためにも買い足すことを考えるべきです。後述するように、繰上げ返済するお金ができれば、1戸目を担保に、そのお金で2戸目を買い足すことも考えるべきだと思います。

事業用物件より、居住用物件のほうが安心

どんな物件を選ぶか、投資対象とするかについては、事業用と居住用のどちらにするかも考えどころの一つです。ボクが投資した物件全体で見るとほとんどが居住用です。

家賃収入によるインカムゲイン中心の不動産投資でも、投資する物件は居住用と事業用に大別できますが、圧倒的に安心できるのは居住用です。事業用だと多くが小売り、飲食などの店舗ですが、「店がつぶれちゃうんじゃないか」と心配になりますし、店の営業が不振のときに「今月の家賃、ちょっと待ってください」と連絡が入ることもあります。

加えて、前述したように、事業用、店舗用不動産には専門の不動産業者もいて、同じ市場であったとしてもボクのような投資家がなかなか太刀打ちできるものではありません。そのような心配・不安がないぶん居住用不動産をおすすめします。

ただし、一般に事業用物件はこのようなリスクがあるぶん利回りは高めです。このリスクを乗り越えるか回避するか。ボクは無敵のオキテに従い乗り越えずに回避して、違う土俵で不動産投資を楽しむほうを選んでいます。

このことから、これからお金持ちになるには、収入を増やすか支出を減らすしか方法はありません。時間（a）はみな平等にしか与えられていないのですから。

しかし、ここではあえて（a）を増やすことを考えてみましょう。時間は不思議なもので、直線でもあり、波でもある。時間には「パラレルワールド」という考え方があり、簡単にいうとボクが働いている間、ボクのコピーにも働いてもらうと、なんと給料は2倍になる！姿かたちや性格がコピーされている必要はなく、ボクと同じように稼いでくれればボクのコピーです。わかりやすくいうと、ボクのお金はボクのコピーで、ボクが会社で働いている間に、お金にも働いてもらうのです。

これはみなさんも無意識にやっていることです。たとえば60分かかる仕事があり、1人でやれば60分かかります。でも10分を誰かに教えるために使い、その人をコピーにします。その人と一緒にやれば10分＋30分で計40分で作業が終わります。さらに自分がやらずに他のことをしていても、70分で作業は終わるのです。

会社もお金も不動産も同じ。お金や不動産は24時間働いても文句はいわず、きちんと仕組みをつくっておけばボクが遊んでいてもお金を稼いでくれます。それが「投資をする」ということです。取引とは「何かを払って何かを得ること」。つまり不動産投資とは、1000万円を払って月5万円稼いでくれる仕組みを購入すると考えるのです。

昔読んだアニメで、多様な能力を持った敵キャラたちが次々に登場し、主人公を苦しめていました。そのなかで「時間を操る」能力は炎よりも氷よりも強力で、とても納得したことを覚えています。

時間を制する者が投資で成功するのです。

Column

「お金持ち」になれる数式

お金持ちになるには、一定の数式があります。

$$Z = a(X - Y) + b$$

Zは財産、つまりお金持ちの度合いです。Xは収入、Yは支出、aは時間や期間、bはその時点の資本を示しています。たとえば20歳の人が60歳になったときの財産を考えると、「40年間の収入－40年間の支出＋20歳時点の財産」となります。このことから次のことがわかります。

・お金持ちかどうかは、収入や資産額だけで判断できるものではない。収入が多くても支出が多ければお金持ちにはなれない。ちなみに世界一のお金持ちとは「ものすごく稼ぐ人」ではなく、「一銭も使わずに毎日生活できる人」

・日本では60歳以上が資産の7割を占めるといわれるが、時間(a)が大きかったので当然。若い人はこれから(a)がたくさんあるので悲観しなくてよい

・X-Yがプラスであれば、長生きするほど財産は増える。貯金(b)を増やすより収入(X)を増やしていけば、老後はまったく心配しなくてもいい

・貯金(b)はその時点のものだが、収入(X)や支出(Y)は時間(a)の関数で変化していく。よって、これからの人は「a、X、Y」を重視したほうがよい

・支出(Y)を減らすことには限界がある。また、収入(X)を増やすことは時間あたりの単価を増やすということで、決して長時間働くということではない

第５章

無敵の投資家は
稼ぎ方を工夫し、見極める！

投資と投機、投資と事業はどのように違うのか

東京都内23区のワンルームマンションを中心に投資してきて、投資と投機、投資と事業とはどう違うのか、と考えることがあります。そこで、突然ですがクイズです。「いろいろなことにチャレンジする」という意味でも一緒に考えてみてください。

チャーハンをできるだけたくさんつくるには？

1か月後にチャーハンの出前の注文が入ってきました。できるだけたくさんの量をつくってほしいという注文です。注文を受けた3人は、次のようにそれぞれに異なるつくり方をしました。

Aさん　注文を受けてからコツコツつくり溜めして冷凍しておくのはどうだろう。いや、それだと美味しくないから、できるだけ下準備して、当日徹夜で仕上げよう！

Bさん　チャーハンをいっぺんにたくさんつくれる機械を導入しよう。より大量に効率よくつくれる機械がないかリサーチだ。壊れたらおしまいだから、きちんとメンテナンスしなきゃ。使い方を間違えないように、マニュアルの確認も重要だぞ！

Cさん　仲間を集めてつくろう。コツコツと協力依頼から始めないといけないな！

この3人の対応のうち、あなたの対応はどれにいちばん近いでしょうか。

Aさんを選んだ人は、「サラリーマン的」です。Bさんを選んだ人は「事業家的」、Cさんを選んだ人は「投資家的」といってもいいでしょう。

Aさんは、「チャーハンをコツコツとつくる人」です。与えられたオーダーをまじめに一生懸命に遂行します。技能によって多少の出来不出来はありますが、結局それほど多くの量のチャーハンはつくれません。ただし、チャーハンをできるだけたくさんつくるというオーダーに対して、最も真摯に取り組んでいるのはこのタイプなのかもしれません。

Bさんは、Aさんの「コツコツ」部分を変更して「チャーハンを一気につくる人」です。

一つのことを磨き上げるのに力を注ぎ、うまくハマれば瞬時にチャーハンを大量につくることができます。でも、もし失敗すれば1皿もつくれずに終わってしまいます。どのような装置をつくる＝どのようなサービスを展開するか、どのように動かす＝どのような運営を行うか、という点で事業家的なアプローチのしかたといえるでしょう。

Cさんはチャーハンという目的に直接アプローチはしないものの、Aさんの「コツコツ」を踏襲し「人をコツコツと集める人」です。人が集まれば集まるだけ大量にチャーハンができます。そして、人集めがあまりうまくいかなかったとしても、集めた人と自分がつくることで少しくらいはチャーハンができ上がります。つまりリスクを分散して、一つひとつは小さくても積み上げることで大きくすることを重視します。

イメージとしてはサラリーマンを1本の線とすると、事業家はその線自体を太くしようとする人、投資家はその線を複数集めて太くしようとする人です。

投資家と事業家、サラリーマンには、このような考え方と対応の違いがあるのです。

投資と投機では「リスク」と「リターン」が違う

投資を語るにあたり、まず「投資と投機の違い」を見極めておくことが大切です。なんとなくリスクが低いものが「投資」、リスクが高いものが「投機」というイメージであったり、中長期的に保有することが「投資」、短期の保有は「投機」といわれたりすることもあるでしょう。

でも、これらは投資の一面を切り取ったものにすぎません。漠然と理解している気がして「自分がやっているのは投資だ」と考えている人がいちばんアブナイのかも？　そして失敗し、「投資は危険」というイメージが広まるのがなんとも残念です。

本当の投資とは「リスクが低い」のではなく「リスクをとらない」ものであり、中長期的か短期かではなく、「継続する」ものなのです。

どの未来に〝張る〟か

投資と投機の共通点は、あたり前のことですが未来を知っていれば必ず勝てることです。みなさんも未来が予知できれば、と考えたことはないでしょうか。そして未来を知りたいとき、占いに頼る人も多いでしょう。つまり占いを極めれば未来がわかるようになるのではないか、そんな観点から次のようなことを考えてみました。

優秀な占い師とはこんなフレーズをいう人です。

「あなたは将来、職場で大きな壁にぶつかることでしょう」

「でも、それを乗り越えれば一皮むけて大きな成功をつかむことになります」

いかがでしょうか？　仕事で壁にぶちあたることなんて誰にでもあるはずです。いや、むしろ壁にぶつからなければそれ自体が問題です。そして「乗り越えれば」といいますが、どう乗り越えるかについては触れないのです。一方で困難を打開できれば、それは一皮むけることになります。そして、困難な局面を乗り越えること自体は成功ですし、成功と思わないのであれば、それは大きな壁ではないことの証明にもなってしまいます。

つまりこの占いは、「必ず来る未来」と「ある状況下において必ず発生する未来」を語っているにすぎず、「どうなるかわからない未来」についてはいっさい触れていないのです。

実は未来というものは、大きく分けて次の4種類に大別できます。

①どうなるかわからない未来

「あなたは必ず成功します」

ほかには「明日地震がくる」「宝くじにあたる」「競馬に勝つ」といったことです。

②ある状況下において必ず発生する未来

「あなたは大きな壁を乗り越えれば成功します」

ほかには「冷夏であれば野菜の値段が上がる」「太陽が沈めば星が見える」といったことです。

③必ずくる未来

「あなたは職場で大きな壁にぶつかるでしょう」

ほかには「日本人の人口が減る」「150歳までは生きられない」といったことです。

④みずからつくり出した未来

「(みずから会社を設立して)社長になる」

このうち、①に張るのが投機であり、②や③に張るのが投資、④の未来に突き進むのが事業だと考えています。「投資家は負けない」のは知っている未来でしか勝負しないからなのです。

リスクとリターンが真逆になる

ここで投機と投資を考えるにあたり、「リスクとリターン」について見ておきましょう。リスクは賭けるもので、リターンは得られるものと考えてください。実は投機でリスクになるものは「お金」であり、リターンになるものは「時間」です。一方の投資でリスクになるものは「時間」で、リターンになるものは「お金」です。

たとえば、一般的に投機といわれるものの多くはキャピタルゲインを狙っています。キャピタルゲインとは値上がり益、つまり安く購入し値上がりしたタイミングで売却してはじめて実現化するものであり、売却以降の時間を得た、ということになります。

一方、同じ値上がり益を狙うものでも、投資的な見方では「いつ値上がりするかわからないけど、いつか上がるもの」に投資するので、タイミングよりも継戦能力が問われます。いわば時間こそがリスクなのですが、一方で勝つまで継戦するので必ずリターンとしてお金が手に入るのです。

また、投機と投資については「純化と複線化」で考えてもいいでしょう。100キロ先に進む場合、「いかに速く100キロ進むためにエンジンを開発し、運転者は身体を鍛える」ことが「純化」です。そうではなく、「合計100キロ進むために何人集めるか。100人集めれば1人あたり1キロを全力で進むことを考えればいい」と考えるのが「複線化」です。純化は一つのことを磨きあげる労力、失敗しないためのリスク回避の労力が欠かせなく、複線化は一つ二つ不具合があっても残りが動いていればと考え、より多くの方法を見つける労力が欠かせません。

この両者では「相場の張り方と撤退の方法」についても違いが出てきます。純化だと「研究・勉強し、全身全霊をかけて大勝負する。撤退は敗北時のみ」と考え、複線化は「少額分散、勝ち馬に乗る。撤退は勝利時のみ」となります。この純化が投機であり、複線化が投資なのです。そして最強をめざすのが投機、無敵をめざすのが投資だとご理解いただけるのではないでしょうか。

不動産投資と株式投資では「稼ぎ方」が異なる

不動産投資も株式投資も投資という面では同じです。でも、稼ぎ方には違いがあります。このことは不動産投資を始める段階で、自分の頭のなかをきちんと整理しておいたほうがいいでしょう。

配当で稼ぐか売買で稼ぐか、家賃収入はどちらに近いか？

一般に、株式投資は「配当」で稼ぐのではなく、「売買」で稼ぎます。単純にいうと買ったときと売ったときのサヤと呼ばれる差額で稼ぐので、タイミングを見逃すと大損したり逆に大儲けしたりするケースがあるのです。

一方、不動産投資では、「売買」で稼ぐ人もいるとは思いますが、ボクの場合は、所有する不動産の入居者からの家賃収入で稼いでいます。この家賃収入を株式投資の配当と考えれば、「自分は何で稼ぐのか」が整理されてくるはずです。

たまに、初期の頃から株式投資と同様に売買で稼ごうとする不動産投資家がいます。「自分はそんなことはない」という人も多いでしょうが、「割安」という言葉に惹かれませんか？　その言葉に惹かれるのは売却したときに利益が出るだろうと考えているからで、売買で稼ぐことを意識しているからです。しかしそれは現実にはむずかしく、ボクから見れば安全・安心である本来の不動産投資の入口段階から勘違いしているように思えます。不動産投資においても売買で稼ごうとすると、バブル期のように大損したり大儲けしたりするケースがあり、とてもリスキーな投資になってしまうのです。

自分で決められるかどうかの違い

実は不動産投資の家賃収入と株式投資の配当収入を比べたとき、大きな違いがあります。不動産投資の家賃収入の額は自分で決められるけど、株式投資の配当額は自分で決めることができないのです。

株式投資の場合、株を発行している会社が「配当はこうなります」と決めて、株主に説明して配当します。そうした決議に意思表明できる場は株主総会で、原則は持ち株数分の議決権しかありません。

ところが不動産投資の家賃収入は、稼げても稼げなくても自己責任であり、自分で決めることができます。家賃収入を多く得たいと思えば家賃を高く設定し、それほど稼がなくてもよい場合は低く設定する。もちろん家賃も相場という制約は受けますし、期待どおりの収益を上げることができるかどうかは別問題ですが、どれくらいの家賃収入を得たいかを自分で決めることができるのです。

自分で稼ぎをコントロールできる点は、株式投資や他の投資と比べても不動産投資の大きな特色といっていいでしょう。

このコントロールできることを、ボクはとても気に入っています。何にどのように投資するにしても、不動産投資の場合は自分で納得して取り組みやすいのです。

不動産投資においても売買で稼ぐ人はいますし、それで成功すれば「最強の投資家」にもなれるでしょう。だけど、それはボクとは〝土俵〟が違う話。ボクの投資法は、売買収益、すなわちキャピタルゲインは捨てて家賃収入を得る、すなわちインカムゲインを自分で決めてコントロールする投資方法なのです。

本当の投資とは何か
その本質の〝入口〟を考えてみた

外国債や株式投資で調子に乗っていた当時のボクは、投資についていろいろなことを考えていました。たとえば「本当の投資ってなんだろう」ということです。

恋愛と投資は同じか?

ある友人が以前、話していたことです。

A　おなか減っていない?

B　中華か洋食どっちか食べにいかない?

AとBの問いかけのうち、女の子を誘うことが目的なら、Bのほうが成功率が高いのだそうです。

これと同じようなことが世の中で行われているなぁと思ったことがあります。

A　株式投資をやるべき？

B　株を買うならどの銘柄を買うべき？

世の中にあふれている情報の多くは「どの会社の株が上がるか」「株価の上がる会社をどのように見抜くか」に重点が置かれていて、そもそもの株式投資をやるべきかについて深く考察しているものが少ないように感じたのです。そのような状況のなかで、いきなりBのように聞かれると、そもそも株を買うべきかどうかを考える前に「どの銘柄を買うべきか」に意識が向かってしまい、株の場合はそう問いかけた証券会社や投資ファンドの餌食になってしまいかねません。

投資を始めたきっかけは、好きか嫌いか、うまくいったかダメだったかは別にして、みなこのような状況で誰かに背中を押されて投資を始めていくのかもしれません。ですが、ボクは、こうやって他人にすすめられて始める投資は、「投資ではない」と思っています。投資は、まずなんのために投資するのか、目的が明確になっていることが大事なのです。

多くの人は、投資の目的を聞かれたら、「儲けたいから」「お金がほしいから」と答えるでしょう。でも、そんな人に、「1億円持っていたら、どうする？」と聞くと、きちんと答えてもらえないはず。きっと、目的が明快になっていないからだと思います。そのままだと最強の投資家を信奉しすぎて、「だまされた!」となってしまうのです。

繰り返しになりますが、投資では、「いつまでに」「どれくらいの規模で」「稼ぐ」か、を重視します。この考え方を忘れると、リスクのとり方、つまりどれだけこの土俵にとどまっていられるかがわからなくなってしまいます。「競馬は投資だ!」という人がいたら、多くの人は「バカだな」と思うでしょう。でも、もし明日までに1万円を100万円にしないといけない、ということであれば、競馬という選択は一つの方法です。もっとも投資家としては、明日までに1万円を100万円に、という状況に陥ること自体避けなければいけないのですが……。

投資では、稼ぐためには株でなくても為替でなくても、投資先は何でもいいという考え方ができます。そこで、投資のなかでも「本当の投資」を考える意義が生まれてくるのです。つまり、本当の意味での投資とは、「稼ぐために投資先を選定し、自分が考えている期間で必要な資金を集める」こと。これはゼッタイに忘れてはいけないことなのです。

投資先は「みんなが勝てる市場」。稼ぐには、時間を極める

前項で「投資先を選定し」と書きましたが、「どうやって選定するのか？」という人もいるでしょう。株式の銘柄を選ぶのも選定ですし、ＦＸで通貨の組み合わせを選ぶのも選定です。一方、誰でも自分の得意な分野で勝負したほうが、勝率が上がるような気もします。そのため、自分が今いるカテゴリのなかでものごとを選定してしまう傾向があります。けれども、どの分野にはプロがいます。自分がナンバーワンではないかぎり、１人を選ぶ勝負になった場合に確実に勝てる保証はありません。

投資先は、常に「みんなが勝てる市場」に！

では、どうすればいいのか？「勝負」の考え方を変えてみるのです。つまり、特定の

投資先にこだわらず、常に、「みんなが勝てる市場＝これから伸びるだろうと思う市場」の何かに投資すると決めるのです。なぜなら、「どんなに知識がなくても、あのときに中国株を買っていればそれなりに儲かったはず」ということがあり、投資先とはその程度のものなのです。

そして現在のボクにとって、みんなが勝てる市場が不動産投資市場です。このように、稼ぐには「誰でも勝てる土俵で勝負する」という考え方を忘れてはダメだと思います。

「みんなが勝てる市場」でこそ時間を極める

「みんなが勝てる市場」で投資するとき、「時間」が問題になってきます。たとえば「明日までに」「10万円を100万円に」するとなると、投資先はかなりかぎられます。時間的な制約を考えると、ギャンブルに手を出さないかぎり達成は不可能に近いでしょう。

ところが、「明日までに」を「10年後までに」と条件変更されると、これはほとんどリスクをとらなくても達成は可能です。また、「明日までに10万円を100万円に」を「明日までに10万円を11万円に」と条件変更しても、同様にリスクは軽減されます。つまり投資とは、「いつまでに」「どれくらいの規模で」を上手にコントロールしていくことなのです。

だから、「何に投資すべきか」という問いには実は答えなんてありません。そのお金、資産がいつまでに必要なのか、どのくらいの規模で必要なのかによって、何に投資すべきかということは決まってくるのです。

ちまたでは「やらなきゃ損」「今がチャンス」みたいな煽り文句でカモを誘っている広告がたくさんありますが、その人の考え方や立ち位置、お金に対する考え方によっては「やることが損」ということも十分に考えられます。だから、不動産会社の営業マンの言葉を鵜呑みにしてはいけないし、他人に追い込まれる必要もないのです。

投資戦略のイロハを理解しておきたい

あるとき、後輩と話をする機会があり、投資戦略について助言を求められました。非常に仕事をがんばっている人で、まだ20代！　もちろん喜んで話を聞いてみました。彼はもともと浪費をしない性格で、預金など全部で５００万円あり、「そのうちの50万円を１年間で１００万円にしたい」ということで、その投資戦略についての話でした。

この部分だけ聞くと、「いつまでに」「どのくらいの規模で」が入っているので基本は押さえています。でも、彼はとんでもない間違いを犯していました。「割合とリスクの関係」を理解していなかった。これは多くの人が必ずといってよいほど陥るワナです。

50万円を1年間で100万円にしたいという彼に、ボクはこう聞きました。

「もとの50万円はパーになってもいいの?」

「そのくらいのリスクはとるつもりでいます。それがなくなっても預金が残り450万くらいあるので大丈夫です」

ちょっと聞くと、彼のリスクのコントロールは正解のような気がする。でも、彼は重大な過ち、コントロールのワナに陥っているのです。

「1年間で50万円稼ぎたいんだよね」

「そうです」

「じゃあ聞くけど、50万円を100万円にするのと、500万円を550万円にするのとどっちがカンタン?」

「そりゃ500万円を550万円にするほうでしょう」

「じゃあ、残っている450万円をなぜ使わないの?」

「だって全財産ですよ。なくなってしまったら怖いじゃないですか」

「ふ〜ん。じゃあきみは、50万円はなくなってもいいと思っているけど、500万円はなくなったらヤバイと思っているんだよね」

「あたり前です。何がいいたいんですか?」

「じゃあ500万円投資して、50万円まで損失が出たら終わりにすることと、50万円投資して、それがなくなったら終わりにするのと、両方とも損失は同じなのに、なんで500万円投資しないの?」

「……」

多くの投資初心者は同じようなワナに捕まっています。彼らはそうやって、「負けてもいい勝負=投機」の市場に出かけていき、プロとガチンコで勝負して、よほど運がいい人ではないかぎり負けて退場を余儀なくされるのです。

彼も儲けたいと思っていたに違いありません。でも、最初から負けてもいい勝負をすることが間違っているのです。ボクは「負けてもいい勝負とは楽しむためにやる勝負」のことだと思っています。本当に儲けたいのであれば負ける可能性を最大限排除して、ゼッタイの自信を持って取り組むべきです。そのことを彼は理解できていなかったのです。

Column

魔法の樽のワイン

とある世界のとある国では、子どもが産まれると国王から身分や性別に関係なく、産まれた子どもに、大きさ、重さ、容量などまったく同じ「魔法の樽」をプレゼントしていました。

この「魔法の樽」には毎日0時になると樽一杯のワインが湧き出します。湧き出すワインはどの樽からも同じなのですが、貯めておくことはできません。その日に湧き出したワインはその日が終わるときれいに消えてしまい、そして0時になると樽はまた新しいワインで一杯になるのです。

つまり1人が所有できるワインは、みな平等に樽一杯だけですが、その味わいは徐々に変化し、最終的に1つとして同じものはなくなります。

樽はその人が死ぬまで、雨の日も風の日も、病気で寝込んでいるときでも変わらず、毎日ワインが湧き出します。「ワインなんか嫌いだ、飲みたくない」と、樽を捨ててしまう人もいますが、多くの人はこの樽と湧き出したワインとともに生涯をすごします。

ワインを売ってお金に変えるもよし、ワインを熟成させてその価値を上げるもよし。みなさんはこのワインをどう使いますか？

そして、この魔法の樽はみなさんも持っています。そう、この話の中のワインとは「時間」です。

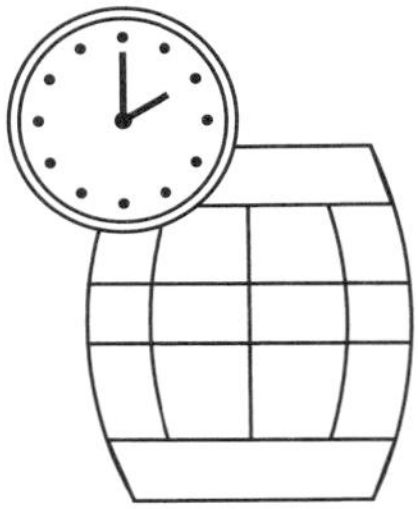

「インカム」で暮らす人はオモテに出ずに、穏やかに稼ぐ

一般的な不動産投資の収益は売買によるキャピタルゲインと家賃によるインカムゲインに大別できますが、実はこれまでインカムで稼ぐ人はあまりオモテに出てきませんでした。世間で大きな注目を集めるのは、いわゆる地道なインカムゲインを得て暮らす人ではなく、「不動産の売買がうまくいき、億万長者になった！」というようなキャピタルゲインで暮らす人だったように思います。

インカムゲインをめざしていこう！

ボクは、これから不動産投資をする方には、インカムゲインすなわち家賃収入で収益を得る暮らしをゼッタイにおすすめします。

理由は二つあります。一つはキャピタルゲインよりゼッタイ安定しています。そしてもう一つは、必要以上に相場や値動き、売買のタイミングなどに神経を尖らせる必要もないからです。つまり、負けないですむのです。

ただしネックもあります。たとえば、一つひとつの物件から得られる家賃収入は大きいとはいえず、不動産投資の初期の頃は借金の返済もあり、安定した生活になるまでには時間がかかることです。そのため、よほどお金に余裕がある場合を除いて、若い頃から、時間というリスクを長く引き伸ばせる早い段階から取り組んでいく必要があるのです。

年齢によって買うべき物件を変える

不動産投資に取り組む場合、年齢によって買うべき物件を変えるのも一考です。たとえば、20代から不動産投資を始める場合、また30代で不動産を買い足すような場合には、インカムゲインを継続的に得られるような物件がいいでしょう。つまり、あまり手を加えることなく入居者が続く、空室になってもすぐに埋まると判断できる物件です。

一方、年配の方が不動産投資を始める際に買う物件としては、年金の補塡や節税対策を意識したり、お子さんに残す財産を想定した物件になるかもしれません。

たとえば、資産価値が上がることを想定して、つまり高齢者が自分の財産を増やそうとして物件を購入すると、相続となったときに思わぬ税負担となってしまうケースがあります。不動産投資において、いちばん相続税の負担がかかってくるのが土地です。そのため、土地の割合が大きい戸建てに投資するより、マンションのような土地割合の低いもののほうが高齢者の投資には向いています。

キャピタルゲインをめざして取り組む不動産投資には特有の考え方があります。でも、ボクのようにインカムゲインで安心して暮らすことをめざして不動産投資をする場合は、資産の売却を想定した〝出口戦略〟にはこだわらず、長い目で見て目的に適った物件に投資していくべきです。

不動産を持つメリットを再確認

ここでは不動産を持つメリットについて再確認しておきましょう。「なぜ今、不動産なのか」については、「安定しているから」です。不動産のイメージはバブル崩壊の影響であまりよいとはいえません。最近は投資ブームで若干解消されているとはいえ、「借金して飛んじゃったら」みたいなイメージを持っている人もまだ多いのでしょうか。

前述のように、不動産で利益を上げるためには、

①購入価格より高い値段で売却する（キャピタル狙い）

②購入物件から家賃収入を稼ぐ（インカム狙い）

の二つの方法があります。バブルのときに全盛だったのは①。私が考える不動産投資は②。「ココは再開発になるから、土地の価値も上がりますよ。ゼッタイ買っておいて損はないです」「今地価が上昇しているところだからチャンスですよ」といったセールストークがちまたにあふれていますが、これは宝くじが当たりますよ、という感覚で聞くべきでしょう。どんなに未来予測を的確にできたとしても、ゼッタイはあり得ないのです。

40代以降は、バブル崩壊を強く反省しておくべき

バブルのときにどうしてあんなことになってしまったのか。答えは単純で「資を産むもの（資産）」として不動産を考えず、「商品」として考えてしまったからです。例示して説

明しましょう。

ある不動産は、そこから産み出す価値（バリュー）から算出すると100万円程度の価値しかありませんでした。しかし、隣の土地が200万円で売れたという情報が入ってきた。さて、あなたはいくらなら買うでしょうか？

もしかしたら、もっと値上がりするかもしれないと、300万円で買うかもしれません。隣の土地より少し値切って150万円で買うかもしれない。でも、忘れてはいけないのは、「産み出す価値から算出すると100万円」ということです。つまり、150万円で買おうと300万円で買おうとかまいませんが、100万円の価値のものを150万円や300万円で買っているということになるわけです。この期待した価値がバブル(泡)だったので、弾けて当然、あたり前のことなのです。

モノの値段というのは、その人にとっての価値で決まります。特に40代以降の人はバブル崩壊を何かしらの実体験として知っているはずですから、今一度、留意しておきたいものです。

常に価値を判断していることを理解する

「自動販売機で飲み物を購入するとき」でモノの値段と価値について考えてみましょう。130円の缶コーヒーを200円でも購入するでしょうか？　もし購入するとなると、買った人はその時点でプラス70円の価値を感じ、その利益を得ていることになります。

逆に130円だから購入したとなると、購入した人は実はなんの利益（プラスの価値）も得ていません。すなわち「動いただけ」ということになります。つまり、「モノを購入する」ということは、無意識に価値を判断することにつながるのです。

不動産については、実はすでに「価値」が決まっています。自分で住むものは別にして、投資用は原則、自分で住むことはありません。すなわち産み出す価値＝その物件の価値＝相場となります。そのため、産み出す価値が大幅に増えることのないかぎり、物件の価値が大幅に増えることはない。だから、値上がりを目的に購入するときは、たとえばその一帯を再開発したり、建物を建て替えたりするなどして、産み出す価値を大幅に増やすことができないのであれば避けたほうがいいのです。

キャピタルを狙うのは、このようにプロの手法であることを認識すべきです。

固定資産税の束に見る投資手法の選択

不動産投資をしていると、当然ながら毎年それぞれの物件の固定資産税を納めなければなりません。春にはその納付書が束になって届きます。２０２０年10月時点では昨年分ですから、27戸で計１５０万円ほどを納めることになりました。１戸あたり５万円強くらいになっています。

不動産投資家はたくさんいても、このように固定資産税の案内が束になって送られてくる人はそう多くないはず。別に払うだ

テーブルに広げた固定資産税の案内

けでいいことがあるわけではないけれど、この束はボクのちょっとした自慢です。

1自治体1枚なので、30戸のマンション1棟を保有していても、固定資産税の案内は1枚。それに比べて、ボクに届く固定資産税の案内をテーブルに広げてみると、テーブルいっぱいになります。

集中投資と分散投資のどちらを選ぶか

では、このちょっとした自慢の根拠であるボクの戦略が、不動産投資としていいのかどうか。戦略としては二つ考えられます。

一つは集中投資で、ドミナント戦略のように地域を絞って資本を集中的に投下したほうが効率がよいという考え方です。この戦略から見ると、ボクの不動産投資は集中していないだけに非効率であり、ふさわしくないと考えることができます。

もう一つ、不動産投資という一つのジャンルでも、分散投資という考え方があります。対象物件や地域、借入れ比率などをさまざまに変えて、分散して投資する方法です。

この戦略のほうがリスクは少なくてすみます。複数の質の異なる物件で、「ある物件で損が発生しても、別の物件で十分に補える」という関係が成り立つのです。ボクの投資法は分散投資で、稼ぎ損なう可能性はあっても損をしにくい安全な投資法なのです。

実際に都内のワンルーム投資では、ある部屋の入居者がとても問題のある人のとき、周りの入居者が早めに入れ替わってしまうことがあるようです。そうなると、1棟丸ごとの集中投資では入居が滞ってしまい、空室率が高くなることも想定されます。それはドミナント戦略の失敗といってもいいでしょう。

分散投資をしていれば、そんな状況が起きても地域が異なる他の物件が補ってくれます。最悪、物件を手放すことになっても、損失は少なくてすむのです。

ボクの保有物件のなかで集中投資っぽく、一つの物件に2戸を所有しているのは、不動産投資を始めた頃に購入した中目黒の物件と、文京区根津の戸建て（1Fにテイクアウトの店が入り、2Fは民泊として使っています）の物件だけです。感覚的ですが、「同じ一つのマンションでは、所有しても2戸までかな」と思っています。

不動産投資にかかる税金は、所有しているだけでかかる税金とは違う

ボクの不動産投資には個人が行う投資と法人組織で行う投資とがあります。最初に法人組織で行なった不動産投資は、前述のように中野区中野坂上の物件です。今では9戸を法人名義で所有しています。

法人税はあまり気にしなくてもいい!?

法人には法人税がかかります。家賃収入に加え、他の事業からの収入もあるため、どうしても黒字になってしまい法人税を納めることになりますが、これは致し方ないものだと割り切っています。それに、そもそもそれほど負担には感じていません。

ボクたちが納める税金には、自動車税のように「所有していることで納める必要がある

税金」があります。普通の人は自動車で収益を上げるわけではないので、お金を貯めて納税します。すると、その税負担が「キツイな」と感じることはあるでしょう。でも、投資に関わる税金のほとんどは「その投資によって上げた利益のうちの一定割合」です。利益を上げた以上に税金がかかることもありません。

収益以上にかかる税金はない

固定資産税は物件の土地や建物にかかる税金ですが、これも自宅だと、所有していることでかかります。

ところが、不動産投資の物件にかかる固定資産税は、収益を生むための物件にかかるものです。つまり、きちんとその物件で収益をあげることができていれば、固定資産税は払えないことはないのです。逆にいうと、固定資産税が払えないような収益しかあがらない物件は「買ってはいけない物件」といえるでしょう。不動産の購入時にかかる登録免許税なども、同様です。そうした点を合わせ考えれば、「税負担が大きいから大変」などと金額そのものを変に怖がりすぎなくてもいいのです。

月の家賃収入が50万円を超えれば収入・支出のコントロールも本気になる！

単純ですが、ボクは月の家賃収入が50万円を超えた頃から、「けっこう稼いでるな。なかなかすごいじゃん」という気持ちになりました。２００６年に港区麻布のワンルームを購入した頃です。サラリーマンの一般的な税込月給より多くなっているのですから、「会社勤めより、家賃収入のほうが楽で安定的」と思える状況です。

そして、その頃から、収入も支出もコントロールしていくことが大事であり、楽しみであると感じるようになりました。

大きくはない出資で、利率が1％、２％だと、月に数千円儲かる程度です。稼いでいるといっても達成感はほとんどなく、今後もがんばろうという気にもなりにくい。ところが月に50万円となれば、ローンを完済すれば月給以上になり、かなりやる気が湧いてきます。

税金をはじめ欠かせない支出をしっかりコントロールできれば、普通にやりくりして十分なお釣りがきます。安心して楽に暮らせるようになるのです。

最初は管理費と修繕積立金を見直してみた

支出のコントロールでは、ボクはまず管理費と修繕積立金について対応しました。ワンルームでも物件を所有しているかぎり、管理費や修繕積立金については所有者の負担です。もちろん、その額を踏まえて家賃の設定も考えていくべきですが、一方で周辺の家賃相場との兼ね合いもあり、自分の都合だけを考えて家賃を決めると結局うまくいきません。

でも、管理費や修繕積立金などの支出はできるかぎり抑えたい。そこで、管理組合が値上げの要望を案内してきたときは、それに「ＮＯ」のサインをして返答していました（これは後々失敗だったと気がつきましたが……）。

また、返済の金利を抑えられないかと検討してみました。このことについては借換えで対応できるものは借換えを行いました。

とにかく支出を減らすことを考えたのですが、実際に月に数千円レベルでも支出を抑えることができると、妙にウレシイ。1万円稼ぐより1万円抑えるほうが、簡単で達成感があるのです。勤めている会社が経費削減で給料が10％カットされるとなると、「厳しいなぁ、つらいなぁ」ともなるのですが、不動産投資家にとっての支出の抑制は、キャッシュが直接的に残ることになるので、筋肉質な運営ができるように感じられるのです。

不動産仲間と共同して借換え交渉！

銀行の借換えは借換え元の銀行にとっては痛手かもしれませんが、借換え先にとってはありがたい話なので、相談することはできます。また、特定の銀行と取引が継続することで優良な貸し先と判断してくれれば、同銀行内でも金利の引き下げを検討してくれます。「いうのはタダ。ダメでモトモト」なのですから、試してみる価値はあります。

実際に最初に借金で購入した目黒区の物件では、同じ銀行でしたが金利を引き下げてくれました。ここでは平均して０・７５％金利が下がりました。

最初の金利引き下げを行った際、不動産会社の営業マンに「いろいろな銀行と付き合ったほうがいい」といわれ、取引を始めた銀行の金利が高かったので、「これも借換えできないか」と、ついでに申し出てみました。するとあっさりとＯＫで、優遇した金利を提示

してくださったのです。そこで調子に乗ったボクはさらに、

「他の人もボクの紹介だっていったら、この金利にしていただけますか？」

と聞いてみました。これもありがたいことに「いいですよ」と。

借換え先の銀行にとっては取引先と融資額がいっぺんに増えることになります。そこで毎年1回、不動産投資に誘った仲間たちとやっている忘年会の席で紹介し、みんなで一緒に借換えを行ったわけです。

ボクの場合は3・3％の金利で借りていたものが1・95％になった。1人ひとりにしてみたら、当時借入れていた額が1人あたり数千万円でしたが、それでも束にすると数億円になり、その銀行の支店・担当者は一挙に融資額が増える。金利をマケても、まさに渡りに舟だったかもしれません。

実は知人から聞いた話なのですが、この話を聞いた別の不動産投資家が、1人で銀行内での金利交渉をしてみたそうですが、あっさりと断られたとのこと。不動産投資というと仲間はいなくてみな1人でやっているイメージもありますが、仲間内で束になって取り組むことも大事なのです。

ちなみに、ボク個人でのこの銀行の借入れは、現在すべて地元の信用金庫に移行してし

まいました。借換え前の担当者が異動してしまい、その後の担当者には全然相手にしてもらえなくなったためです。

ボク1件だけなら、それほど大きい規模ではないので当然のことでしょう。そして、担当者が異動して以降、借換えに挑戦した投資仲間もうまくいかないと聞きました。銀行のスタンスは時代とともに変化しますし、担当者によってもまったく異なります。過去に通用した方法がいつまでも通用するわけではないのは当然かもしれません。だからこそ、そのときどきに応じて臨機応変に動くためにも完璧を求めてはいけないのです。完璧であれば動く気にならないのですから。それでも初期の頃にお世話になったこの銀行には大変感謝しており、今でも法人のメインバンクは継続しています。

金利の引き下げのインパクトは大きく、返済期間を通じて月数万円レベルのキャッシュが増える結果となりました。ずいぶん得した気持ちになれるのです。逆にいうと金利が上がるということは、この逆、つまり月数万円レベルのキャッシュアウトが増える計算です。つくづく、借入れはちゃんとコントロールしないといけないと思い知った経験でした。

繰上げ返済は潤沢なキャッシュフローへの近道か

物件の購入資金を借入れに頼った不動産投資においては、繰上げ返済をすれば早期に資産を自分のものにできます。複数戸に投資した場合は、インカムゲインを集めて繰上げ返済したほうがより早期に資産が自分のものとなる。よって、手元のキャッシュフローが潤沢になります。

借入れの無い物件であれば、たとえ空室になったとしてもローンの支払いがないのでまったく怖くなくなります。「借入れのない不動産を所有する」ことが最終的にはもっとも安全で、「無敵の投資」の最終形態ともいえるでしょう。

そのため、次ページ図のようにセミナーなどでは繰上げ返済の妙味を強調しています。

……でも、ボクは繰上げ返済をしたことがありません。

｜繰上げ返済は強力な投資先｜

金利2%、30年返済で1,000万円借り入れた場合

回数	支払い額	金利	元本	金利累計	元本累計	支払い累計
1	36,962	16,666	20,296	16,666	20,296	36,962
2	36,962	16,632	20,330	33,298	40,626	73,924
3	36,962	16,598	20,364	49,896	60,990	110,886
4	36,962	16,565	20,397	66,461	81,387	147,848
5	36,962	16,531	20,431	82,992	101,818	184,810
⋮						
42	36,962	15,232	21,730	670,195	882,209	1,552,404
43	36,962	15,196	21,766	685,391	903,975	1,589,366
44	36,962	15,160	21,802	700,551	925,777	1,626,328
45	36,962	15,123	21,839	715,674	947,616	1,663,290
46	36,962	15,087	21,875	730,761	969,491	1,700,252
47	36,962	15,050	21,912	745,811	991,403	1,737,214
48	36,962	15,014	21,948	760,825	1,013,351	1,774,176

→ 繰上げ返済で額や期間を短縮できれば、
早期に自分の資産にできる

↓

家賃が自分の自由にできる資金に!

繰上げ返済できるお金があれば、物件を買う

なぜ、繰上げ返済をしないのか。これを考えるには、繰上げ返済とは何かということをちゃんと理解する必要があります。繰上げ返済とは「本来返さなければいけない借金を早いタイミングで返済することで、そのぶん支払利息を軽減でき、その利息相当額を自分の資産とすることができる」ために行うものです。すなわち、資産を増やすために行う「一つの選択肢」にすぎません。

ですから、単に「借金の重みから解放されたいから」「返したほうがよいといわれたから」やるのではなく、自分自身の状況や投資戦略を加味しながら行うべきものだと考えます。そのときどきの状況次第で繰上げ返済をするかしないかを考える必要があるのです。

ボクの不動産投資では返済は変動金利ですが、現在の利率は極めて低水準であり、しかも元金均等返済という最初にいちばん支払額が多く、徐々に減っていく返済方法にしています。それで、確実にインカムゲインから返済できている。そのため、安定性を確保するためという繰上げ返済をする必要性を感じていないのです。

むしろ、繰上げ返済をすると、そのときどきに手元で融通できるお金が減ってしまうこ

とになる。これをもったいないと考えています。

無敵の投資家的「繰上げ返済」

また、一例ですが借金で1戸買って、繰上げ返済してその借金を完済すれば、早期に家賃収入を自由に使えるお金にできます。それはシンプルな方法でよいのですが、それならば同時にもう1戸購入し、2戸の家賃収入を得て、そのうちの1戸の返済に充てるほうが、確実に返済期間が短くなり効率的な繰上げ返済となります。そして最終的に2戸の物件にかかる借入れを完済するまでのスピードが1戸ずつ完済していくより速くなるのです。

わかりやすく例示しておきましょう（次ページ図）。

利息がまったくない計算ですが、1戸あたり150万円を借入れ、年10万円の家賃収入、うち5万円を返済、5万円のキャッシュフローという物件があるとします。一度も繰上げ返済をしないとすると、30年後に完済となります。この物件の繰上げ返済にキャッシュフローのすべてを充当するのが、次の①です。

①キャッシュフローをすべて繰上げ返済に充てると、年10万円の返済で15年で完済

| 繰上げ返済VS買い増しして繰上げ返済 |

1戸あたり150万円借入れ、年10万円を家賃収入、うち5万円を返済、
5万円のキャッシュフローという物件。2戸目も同じ条件の物件とする。

↓

一度も繰上げ返済をしないとすると、
150万円÷5万円＝30（年後）に完済

①キャッシュフローをすべて繰上げ返済に充当

↓

5万円の返済＋キャッシュフロー5万円＝年10万円の返済で、15年で完済

↓

完済後に2戸目を購入して1戸目の収入と合わせて返済を行うとすると150万円÷20万円＝7.5年で返済が完了

↓

2戸完済までにかかる時間は

15年＋7.5年＝**22･5年**

②同時にもう1戸購入し、2戸のキャッシュフローの全額を繰上げ返済

↓

1戸目は年15万円返済できるとすると、10年で完済

↓

2戸目は同時に10年返済しているので残高が100万円

↓

11年目以降は2戸計年20万円で2戸目を返済するため、プラス5年で2戸目の返済が完了

↓

2戸完済までにかかる時間は

10年＋5年＝**15年**

2戸所有する結果になるまでの時間は圧倒的に②のほうが早い!

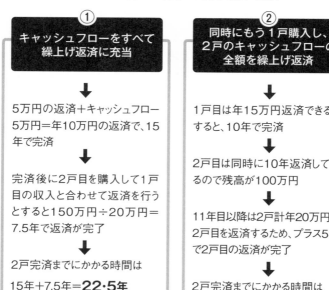

これを、次のように設定します。

②同時にもう1戸購入し、2戸のキャッシュフローの全額を繰上げ返済

すると、1戸目は年15万円返済できるので10年で完済。そして2戸目はすでに10年返済しているので残高が100万円です。それを2戸計年20万円で返済するため、プラス5年で返済が完了。2戸完済までにかかる時間は10年+5年で15年。①の完済時期と同じで2戸が完済できます。

ちなみに①の場合、完済後に2戸目を購入して1戸目の収入と合わせて返済を行うとすると7・5年で返済が完了。2戸完済までにかかる時間は15年+7・5年で22・5年となり、2戸所有する結果になるまでの時間は圧倒的に②のほうが早くなるのです。

これは、詰まるところ「返済」という時間を直線で考えるか平行線で考えるかの違いです。①の場合は直線上に1戸目、2戸目が並んでいるかたちになりますが、②の場合には1戸目と2戸目は並行している結果、時間を効率的に使えているため早期に資産形成が進むのです。

| 繰上げ返済の考え方 |

1000万円の物件があり、400万円を返済し、
600万円の借入残高がある状態

パターンA

200万円を返済にまわし、借入残高を400万円にする

↑

繰上げ返済

パターンB

200万円を頭金にして不足する購入資金は借入れて対応し、1000万円の物件をもう1戸買う

↑

ボクの投資手法

「繰上げ返済か、もう1戸の投資か」をシミュレーション

繰上げ返済を選択すべきかどうか、ボクの投資法を上図で示しておきましょう。

１０００万円の物件があり、４００万円を返済し、残り６００万円の残高がある状態だと仮定します。ここで２００万円を返済にまわし、借入残高を４００万円にするのが繰上げ返済（パターンＡ）です。

一方、パターンＢはこの２００万円を頭金にして不足する購入資金は借入れて対応し、１０００万円の物件をもう1戸買うとします。

パターンＡとパターンＢのどちらがよい

か。金利など諸条件によって変わってきますが、ボクは金利が低い今の状況では基本的にパターンBのほうで対応しています。

パターンAの場合は、２００万円を繰上げ返済しても、その物件から入ってくる家賃収入は10万円なら10万円で変わらない。ところが、パターンBの場合はもう1戸買ったあとは家賃が2戸から20万円入ってくることになるからです。

対して毎月の支出（銀行への返済額）は金利によって変わりますが、たとえばパターンAだと8万円だったものが7万円に、または返済期間が短くなる可能性もあります。一方、パターンBの場合の支出は、15万円くらいになるとしても、2戸からの家賃収入でパターンAより手元に残る金額が増え、借入れによってキャッシュフロー利回りもよくなります。借入れの総額は増えるにしても、「余裕資金ができたときは、繰上げ返済より再投資にまわしたほうが得」という考え方ができます。

この手法は「2戸目を購入したのと同時に2戸目の借入れに対して繰上げ返済した」という表現でもよいでしょう。パターンAの場合にはその２００万円が「繰上げ返済」としてしか活用できていないことに対し、パターンBの場合では「頭金」と「繰上げ返済」という両方の用途で活用しているのです。

先に「諸条件によって変わってきます」と述べました。その例として、高齢者は返済期間の制約を受けるので、同じように借りられない事態が想定できます。また、金利が急上昇している時期は、とにかく借入残高を減らし身軽にしておくことが優先されます。このような状況にないのであれば、パターンBのほうが得、幸せに暮らせるように思うのです。

正解は一つではない。ほかに正しい選択もある

「借金が増えるのが怖いから、繰上げ返済をする」という考え方は本当に正しい。しかし、繰上げ返済の本質を理解すれば他の選択も可能です。たとえば、「自分でコントロールできると判断できるうちは、できるだけ借金し、その借金を生かす」ということです。コントロールするには、もちろんきちんと理解できていないと怖い部分もあるのですが、ある程度の収入と借入額、借金のボリュームが必要だというのがボクの実感です。

正直なところ、妻に説明しても「はぁ？　何でもいいけど迷惑だけはかけないでね」といわれています。自分にとってはどんな選択が都合がよいか、いろいろな選択肢を考えてみることをおすすめします。

キャッシュフローに対するボクの考え方と対応のしかた

基本的なところで、不動産投資におけるキャッシュフローをどう捉えたらよいか。これはボクの考え方ですので、また別の考え方もあるでしょう。そのことを前提に読み進めてください。

通帳残高が7ケタあれば、なんとかなる!

まず、借金のコントロールは、どのようにすればよいか。通常は「借入額」や「返済額」を基準に考えると思いますが、ボクはずっと、借入れ返済後の月々の実収入を軸に考えています。この発想のスタート時は独身だったので、3000万円ほどの資産があればだいたい月20万円を生み出せて生きていける！ と考えたのです。サラリーマンとして勤めて家族もできた頃は月に30万円、リタイアした今ではちょっと怖くなり月50万円が生きていくのに「これだけあればいいな」と考えるベースとしています。

この月50万円が安定して入ってくる状況であれば、お金を貯めておく必要はないと思っています。急に大きな病気にかかったときも、高額医療制度を活用すれば切り抜けることができます。事故に関しては加入している損害保険でほとんどが対応できます。必要になるお金がいくらなのか？　をきちんと理解しておくことができれば、その額が入ってくる手段を手に入れておけば、手元に寝かせておくだけのお金はもったいないと考えていました。ですから、手元のお金すなわち通帳残高が7ケタになってしまうと「ちょっとマズイかも？」と感覚的に急にソワソワしていたわけです。

低金利時代でも、元金均等返済のほうが安心？

ボクの投資法では、返済額は毎月徐々に減っていくので、実収入は増えていくことになります。なぜ返済額が減っていくのか。もちろん完済になっていくものもあるのですが、ボクの借入れはごく一部を除いて前述のように元金均等返済だからです。元利均等返済だと、月々の返済額は変わらないので同じようにはいきません。現在ボクが物件を購入するのは、この手元に残る額を調整する意味もあります。

元金均等返済ですので、毎月返済額が減って月々手元に残る額が増えてきます。そこで、借入期間を短くして物件を頭金の少ない状態で再投資します。借入期間が短く借入割合が高いので、月々は家賃収入よりローンの支払いが多くなり、結局、増えてきた手元に残る額を再投資のローンの支払いで調整しているかたちになるのです。

そして、１００万円単位で「資金の余裕ができたな」と判断できたときにも物件を買い足していく。場合によっては余裕資金が１００万円、２００万円……と積み上がったところで現金で購入した物件もあります。すると、また月々の実収入が増えてしまうので次の物件はもっと借入期間を短くして購入する。この流れを繰り返しているだけで、**時間さえ経てばある程度の資産はでき上がってしまう**のです。

これは、言うなればキャッシュフローを一定にコントロールしつつ、余剰資金はひたすら再投資に回していく手法です。前述のようにボクはお金を寝かせておくとソワソワしてしまう一方、一定の収入があると生きていけるという安心感がある。その両方を追い求めたらこのスタイルがいちばん自分に合っていた、ということです。

そして、この手法であれば、続ければ続けるほどにリスクも減っていきます。物件が複数になりますので、ある物件の利回りが落ちていても他の物件がそれを補ってくれますし、借入期間を短く（月々のローンの支払いを多く）しているので、借入残高の減少は大きく、繰上げ返済が自動的に行われているのと同じ効果が得られるのです。

ボクは、なんでも複利が好き！

繰り返しになりますが、この考え方の根本には、自分はもともと複利で考えることが好きだったということがあるかもしれません。

不動産投資は1戸だけの投資だと単利です。しかし、最初の投資を生かして再投資して複数の物件に投資するようになれば、それが単利ではなく複利であることがわかります。**この複利効果が不動産投資の醍醐味の一つ**ともいえます。

子どもの頃、学校の授業で電卓を持って行くことがありました。そこで友だちに1を押した後に＋を2回押して＝を押す、という技を教えてもらいました。1回「＝」を押すと2に、もう1回「＝」を押すと3と表示されます。そして休み時間の間中「＝」を連打し続けて、友だちとボクのどちらのほうが大きな数字をつくることができるのかを競う遊びをしていたのです。

そして、その時に気がついたのです。1より2のほうがもちろん大きな数字をつくることができるのですが、その2を使い「+」で連打するより「×」で連打したほうが圧倒的に早く大きな数字がつくれるということを。本当にあたり前のことで、当然、掛け算は知っていたのでこのようになることは自明なのですが、電卓の「=」を押すと、どんどん数字が大きくなっていくことに衝撃と感動を覚えた記憶があります。

このときから「数字を大きくしたいなら掛け算」というイメージがあり、今では複利を常に考えるようになりました。つまり「常に元手を増やして、増やした元手を生かすようにすると、数字がどんどん大きくなる。元の数字には働き続けてもらわないといけない」という現在の行動につながっているのです。

ですから、前述のとおり自分の銀行口座に7ケタの数字があると、逆にソワソワしてきます。「寝かせていてはいけない。働いてもらわないと!」とムズムズしてくるのです。

次々に押し寄せる外部環境の異変にどう対処する？

安定して運用できる不動産投資でも、さまざまな外部環境の影響を受けるケースがあります。最近では新型コロナでそれなりの影響が出ましたが、居住用不動産と事業用不動産で明暗がくっきりと分かれました。

居住用物件は新型コロナにも強い！

ボクの不動産投資のほとんどは居住用不動産です。そのため、これまでのところ、新型コロナによる家賃収入などへの影響はまったくなかったといってよい状況です。「何が起きても、人は家に住むものである」ということでしょう。東京23区は、「誰かが住まなくなったとしても、別の誰かが住む」市場なのです。

ところが事業用では、文京区で投資して民泊として活用している物件に、お客さんがまったく来なくなってしまった。1Fがテイクアウト店、2Fを民泊としてインバウンドのお客さん目当てに営業していましたが、海外からの観光客がまったく来なくなり、これは大打撃です。加えて、杉並区高円寺の店舗物件では、一部家賃の支払い猶予をしています。

ボクの不動産投資全体で見れば、事業用不動産への影響は他の物件からの家賃収入で補えますが、事業用不動産をメインに取り組んでいたり、キャピタルゲインで取り組んでいる不動産投資家、また不動産会社への影響は甚大だと思います。

新型コロナ禍といった外部環境の異変によって、居住用物件を扱う不動産投資家が注意すべき点が一つあります。それは、投資した不動産が会社の借上げ社宅になっている場合です。企業業績が落ちると、借上げ契約が継続されず、不動産投資家としては次の入居者が現れるまで家賃収入が入ってこない可能性があります。特に都内のタワーマンションの高層階、月額50万円を超えるような家賃を設定している高級マンションだと、次の入居者が見つかりにくい。これは不動産投資家にとって大きな痛手でしょう。

そうしたケースを除くと、東京の賃貸需要に関しては、大企業がこぞって地方に本社を移し、社員が大量に異動するような状況でもないかぎり、これまでの状態が続くはず。まず、心配はしていません。

ちなみに、ボクが最近まで勤めていた通信会社も新型コロナ禍の影響はまったくありませんでした。「新型コロナが蔓延しているから通信量が減る」という話はありません。

こうした点を考えると、生活の基盤に関わるようなインフラ産業・業界は外部環境の異変や景気、世の中の気分、世相などの動向を受けにくい。不動産投資も同様です。交通系の産業も人が動き始めたら生活に必要な路線であれば、また元の状態に戻るでしょう。

リーマンショック時と比較してみる

不動産投資家として、新型コロナ禍の影響をリーマンショック時と比べて考えてみました。リーマンショック時、ボクはまだサラリーマンでした。ボク自身、「日本経済はどうなっちゃうんだろう」と思ったし、また実際、リストラを進める企業も見受けられました。投資家としては付き合いのある不動産会社も、「アブナイ。不動産売買どころじゃない！」と怖がる声も聞かれました。

ただ、そうした不安はサラリーマンとしての怯えです。不動産投資家としては、また別の考え方になります。たしかに、ボク自身、サラリーマンとしては不安がないわけではなかったので、リーマンショック後2年ほどはヒヤヒヤ状態で、結局リーマンショックの影響がそんなにないのだと理解できるまでの5年ほどは、投資を手控えました。また、その間に株式、債券投資では大きな含み損を抱えました。

ボクが投資を手控えたのは、不動産会社や金融機関の対応が不透明だった以上に、マインド的なものが大きかったからです。でも、不動産投資家の本業であるインカムゲインの額にはまったくといっていいほど変化がなかった。投資した物件の入居者の転居はありました。けれども不況下では、より安定した会社に勤める人が入居者として入ってきます。いわゆる〝身持ちのいい〟お客さんです。

失礼な表現かもしれませんが、不動産投資家である自分の周りには変化がなく、不動産会社がつぶれていくのをただ見聞きしている……そのような状態だったのです。

「物件価格が下がったときが『買い』」は間違い

このような景気の落込みのなかで、「物件価格が下がったときに買おう」という選択が

| 新型コロナで、どう動く（ボクの場合） |

	短　期 （1年以内）	中　期 （最悪のケース）	対　策
家賃	影響なし	空室増による下落	客付けの強い管理会社に依頼 空室リスクの分散
金利	影響なし	インフレによる上昇	繰上げ返済の活用 コストの削減
物件価格	そもそも売るつもりがないので影響なし むしろ値段が下がるなら買いどき		

出てくるかもしれません。

でもボクは、それは間違いだと考えています。特にインカムゲインをねらう不動産投資家にとっては、選ぶべきではない選択肢です。

安いときに買って高いときに売る。これはキャピタルゲインをねらう発想で、不動産投資家の初心者的な発想かプロ中のプロの発想でもあります。投資というより商売、事業であり、これが本当に実現可能であれば、誰でもやります。そんな単純なことではないからこそ苦慮しているのです。

それに、その考え方では誰かが勝ったときに誰かが負けます。最強の投資家をめざすならそれもアリですが、結局、1人の勝者と99人の敗者を生む戦いになる。それはボクにとっては意味のない取り組みなのです。

無敵の投資家にとっては、リーマンショックやコロナショックは対岸の火事のようなもの。ボクは現段階では前ページ図のように考えています。ここに示したのはコロナショックだからやる対策ではなく、実は普段からやっておくべき対策です。普段やっていることを変えなければいけないようでは、本当の投資とはいえません。「物件価格が高かろうが安かろうが、定期的に買う！　できるだけ毎年買い続ける！」ことが大事なのです。

「続けることができる」人こそが楽しく安心な暮らしを築く

ここで、ルーレットの話をしましょう。このルーレットでは赤か黒を選んでもらい、正解すれば掛け金が2倍に、外れれば没収されるという設定で話を進めます。

コインが300枚あって、黒が4回出続けました。赤と黒のうち、次の5回目はどちらが出るか。「そろそろ赤がきてもおかしくないから、赤かな」と考える人が多いでしょうか。たしかに黒が5回連続で出る可能性は2の5乗で32分の1です。「いやいや、5回目だけを見た場合は2分の1だから、どちらに賭けても確率は一緒。だからどっちでもいいよ」と考える人もいるかもしれません。

でも、これらの発想はあくまでも「投機的」であり、ここは黒に賭けるのが正しい。なぜか？　という話です。

常に「次の1回」で勝負するか、最終的な損得で考えるか

このルーレットでは、無敵の投資家として考えるのは次の1回の勝負ではなく、先を見て黒と赤のどちらに賭けるかを考えます。

たとえば、あと10回ベットできるとすれば、常に「赤と黒のどちらも2分の1の確率で出る」と考えるより、ずっと赤もしくはずっと黒に賭け続けるのが正しいことがわかります。そのほうが負けない確率が高くなるのです。

そして、このルーレットでは黒がすでに出ているので黒が出ることは証明されていますから、どちらかというと「黒が出る」と想定して、ずっと黒にベットし続けてみましょう。賭けた次の瞬間に赤が出て負けても次に再度コイン1枚を賭けて黒が出れば勝ちで、チャラになります。コインは300枚所有しているので、1、1、2、4、8、16、32、64、128と倍数で計9回ベットできますから、9回連続して負け続けないかぎり、負けは確定しません。

毎回、赤か黒かと考えると、そのときどきの勝ち負けとなり、いわば一発勝負の投機のように損する可能性があります。常に「勝率50％」での勝負です。でも、9回ベットでき

るとわかっていれば9回負け続けないと負けたことにはならず、その確率は2の9乗で512分の1。逆にいうと、512分の511で勝つのです。

投機的な考え方では「次にどちらが出るか?」について深く分析します。この例ではルーレットで、0がなく黒か赤しか出目がない例としているため、それほど深く考える必要はありませんが、株式投資などを例にすると、過去から現在の状況を分析したり、財務諸表を調べたりしながら、上がるか下がるかについて判断する、というものになります。

一方、投資的な考え方では「トータルでどうなるか?」について考えます。1回のみを検討するのではなく、ここで負けても損しないためにはどうしたらいいか? について考えているのです。**損をしないための手を選択するというのが無敵の投資家的発想**です。そこにあるのは目の前の結果ではなく、まだ見えない先の結果を含めたトータルで「負けない」こと。この発想が重要であり、むしろ目の前の結果では「勝ち負けを問わない」という姿勢が大事です。

また、無敵の投資家的発想では、結果はすぐに出ません。その瞬間やそのタイミングでたとえうまくいったとしても、それは単に「気分がいい」だけでトータルの結果にはなんら影響を及ぼすものではないからです。一方でたとえ今うまくいっていなくても、時間をかけてトータルで負けなければよいのです。このことを肝に銘じなければなりません。

無敵の投資家は、この発想でこそ実現できるものなのです。

継続することこそが不動産投資の妙味

ルーレットの話を不動産投資に敷衍《ふえん》すれば、どういう投資のしかたが安全、安心なのかがよくわかります。

安いタイミングで購入するということは、すなわち「次の1回で赤が出る」ことを狙う発想と同じです。もしかしたら購入したときから値下がりし続けることになるかもしれません。

そこで、物件への思い入れを考慮せず、同じように投資していく。コツコツと似たような物件に投資し続けるのです。ただし、ルーレットと物件がちょっと違うのは、物件には入居者がいて入居率があり、その率がベットに多少は影響し、損得が少し影響されることです。それだけに、きちんと入居があるかどうかを見定めながらやっていく必要がありますが、それ以外は淡々と「高値づかみ」を回避するために投資していくことが最も負けない方法なのです。

数億円単位の資金を調達し、それを生かして不動産に投資してキャピタルゲイン、つまり出口で高く売却できるかどうかをねらい、それによって成功か失敗かを判断するという考え方はまさに博打です。

一方、ボクの投資法は博打ではありません。1回1回勝負をするわけではないため、爆発的に得したり、大成功を収めたりすることはありません。キャピタルゲインをねらう投資家を、「大きな額を扱えば、大きな額のリターンがあり得る」というあたり前の話に乗ってタイミングがよくてうまくいった人と捉えます。額のケタは違うけれど、勝つパーセンテージは5分5分。そこでうまくあたった……ただ、それだけなのです。

「タイム・イズ・マネー」を忘れずに！

不動産投資とは何か。この原点に戻ると、ボクはつくづく時間とお金の関係を考えることであり、これが大事だと思えます。**投機はお金を賭け、時間が得られる。投資は時間を賭け、お金が得られる**ものですが、誰でも、時間をかけて無敵の不動産投資をすれば、お金を損することはありません。そして、東京のワンルーム1戸だと、1000万円くらいかけて、ずっと5万〜10万円の家賃収入が毎月入ってくる。それは家賃収入というお金ですが、その金額に値する時間が経過しているともいえます。

また、たとえば借入額を一定にコントロールしつつ、使えるお金で再投資していく手法もあります。次ページ図のように購入して放置していると15年間で借金がすべて返し終わって3000万円分の資産が残る不動産投資のケースで考えてみましょう。

この不動産投資の購入戦略を考え、5年後に返済した分を借入れて再投資して4戸目を

｜再投資で期間も短縮し、資産も増やす！｜

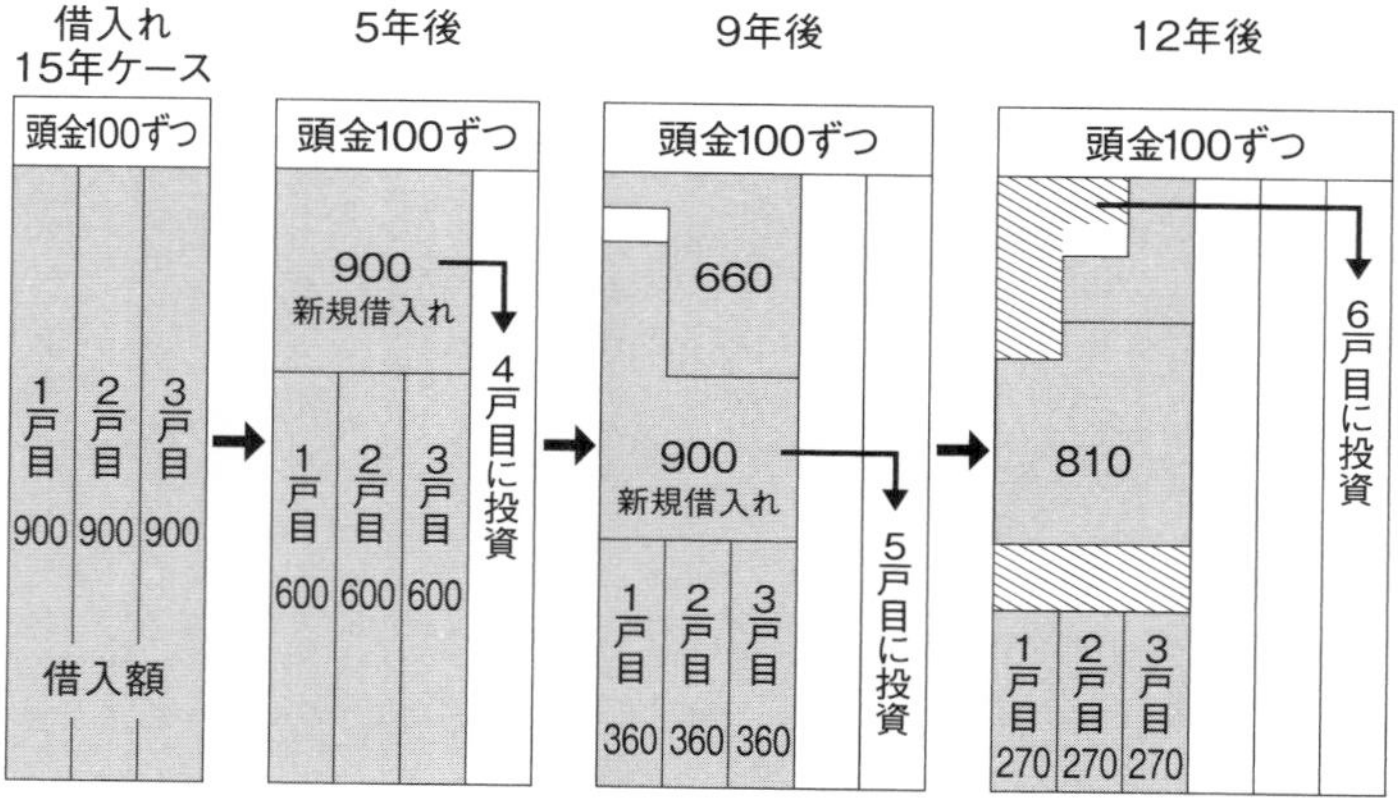

購入、さらに4年後にまた借入れて5戸目を購入、そしてさらに3年後に借入れて6戸目を購入とすれば、借入れの上限額は変わらず、12年間で3000万円分を超える純資産となるわけです。この手法により、時間を有効に使って資産を拡大できます。

時間を平行線で考え、時間とお金を交換する

ボクの不動産投資手法については、「時間は交わることなくパラレルで動かすこと」が大切です。1戸買えば、その金額で1本の時間を買うことになり、10戸の物件を買えば、パラレルに動く10本の時間を買

うことができるイメージです。そして、1戸でボクの1日2時間程度のお金を産みだすことができれば、10戸で20時間分になる。ほぼ1日の時間になり、すなわち毎日、自由に暮らせるというイメージです。

不動産投資の時間とお金に対するボクの考え方は次のようなものです。

「自分の時間＝収入」と考えたとき、投資を始めた頃のボクはまず睡眠時間を抑えました。できるだけ多くの時間を使うことで収入を得ようと考えたのです。でも、それでは体がもたない。一方、自分のスキルを上げて、時間あたりの収入を増やそう！　とも思いました。でも、その才能がないことも感じました。

そこで、自分の能力とは何かを考え、人脈、お金などをいくつかのパーツに分けて棚卸しし、それぞれを時間軸的に並行して動かし、ふさわしい稼ぎ方をしたらよいのではないかと考えました。お金、資産、人脈、友達、聞けば教えてくれる人もいる。それぞれにふさわしい稼ぎ方を見つけていけば、自分の時間が何倍にもなり効率的にたくさん稼げると考えたのです。

自分を因数分解して、素数を見つけてみよう

この考え方は、「素数」を見つけていく因数分解に似ています。自分のスキルや能力を「棚卸し」することも似た考え方ですが、因数分解とは少し違います。あくまで自分という存在を因数分解し、根本となるものを見極めていくのです。

昔から「素数は素敵だ。何を使って、どうやっても割ることができない数字。こんなに純朴で美しく、潔いものはない」といわれます。ボクは最初、そのことの意味がよくわからなかった。「なんで、そんなに美しいといわれるんだろ？」と思っていました。

でも、最近になってやっとわかったのです。数学とは算術ではなく学問、つまり考え方で、素数が素敵だといわれるのは、その考え方が素晴らしいからなのだと。どんなことでも複合した要素が絡み合ってでき上がっていて、それを因数分解して要因を分けることで本当に何がその結果に結びついているのかが判明する。ゆえに因数分解の考え方は本当に大事なのだ。そんなふうに理解しました。そして、自分という存在を因数分解していくと、いろいろな要素が絡まって自分というものができていることがわかり、それぞれの要素にふさわしい稼ぎ方があることが見えてきて楽しくなってくるのです。

不動産投資でいうと、買おうとしている物件を因数分解してみると立地と建物と管理に分解できます。さらに、たとえば管理であれば建物管理と賃貸管理に分解できる。このように細かくそれぞれの要素を分解していくことで、自分で対応可能なもの、人に頼めば対応可能なもの、お金で解決できるもの、どうにもならないもの、など、自分を取り囲む全体状況をにらみながら取り組める。これでこそちゃんと「理解」して投資をしているといえるのではないでしょうか。

単純に考えて、「20年後に30万円必要だ」というなら、やるべきことは不動産投資ではありません。「20代だけど、老後のために3000万円用意したい」といった場合も、コツコツと国債を買い続けたほうが安全かもしれません。これも、「いま儲けたいのか、必要なお金か、本当はいくら必要なのか」をきちんと因数分解して、よりふさわしい回答を導き出していくべきです。

理解することの大切さ

ずいぶん昔に聞いた、ものすごく記憶に残っているお話です。

「幅1m、長さ50 mの道がある。『この道を渡れるか?』と聞かれて多くの人は『あたり前だろ』と答える。だが、この道が地上100 mにあったらどうだ? いざ渡ろうとすると足元がすくむのではないだろうか」

でも、なぜ足がすくむのでしょうか? これがコントロールできるということなのです。通常の道の場合、渡るということは「コントロール内」の出来事ですが、地上100mとなると「コントロール外」となってしまう。たとえ、頭でわかっていても、です。

では、コントロールするために最も必要なものは? それは理解することです。でも理解するということは本当にむずかしい。この「道」の場合、「道」と「場所」を切り分けて考えてみましょう。

リスクが高いのは「場所」であって「道」ではありません。つまりその道を通行するリスクはありませんが、高低差がリスクであり、足がすくむ恐怖は場所から受けるものと理解すべきなのです。この理解がちゃんとできれば、渡ることに対して恐怖を感じることはおかしなこと。これが理解することです。

「そうはいっても怖いものは怖い」のが正直な感想でしょう。でも理解することは知ることと違い、そんなに簡単なものではないと覚えておかなければならない。簡単に理解した気分になるのは危険なこと。コントロールすることをなめてはいけません。

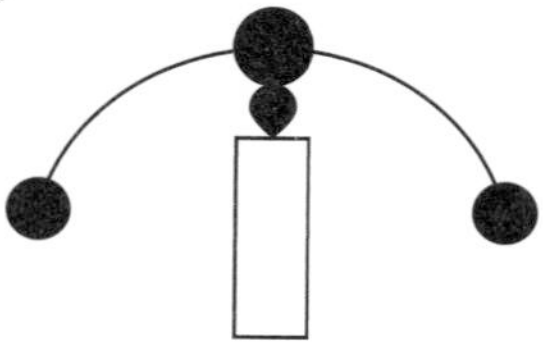

第6章

不動産投資のマンネリ感も無縁管理組合って楽しいぞ！

「かぼちゃの馬車」が管理組合参加のきっかけに

ボクの投資法では、**中古で月額家賃収入が7万～8万円の物件を安定して買い続けていけば誰に勝つでも負けるでもない、自分なりの成功が実現できることがわかりました。**ただ、あるときあるセミナーに参加して、なるほどなぁ、と思ったのです。あの有名な「かぼちゃの馬車」の旧スマートライフ社のセミナーでした。彼らのビジネスモデルは「建物」や「家賃」といったいわゆる不動産を軸にしているのではなく、「入居者」自体を資産として考え、その入居者にモニターになってもらったり職業を斡旋したりすることで手数料収入を得て、それをオーナーに還元する、というふうにボクは理解しました。

結局かぼちゃの馬車は購入しませんでしたが、このときから自分の所有している物件について、関心を持ってみようと思ったのです。

そこで、たまたま招集があった中野坂上の物件のマンションの総会に参加してみました。すると参加者は理事長のKさんとボクだけ。何もわからないのでただ話を聞いているだけでしたが、終わりがけにKさんから「村野さんも理事会に入ってよ」と誘っていただいたのです。

実はこのKさんこそがボクに無敵とは何かを教えてくれて、そして会社を辞めてもいいや、と思うきっかけにもなった憧れの方。ですが、当時は平日夜に私服で参加しているという時点でアヤシイと思いつつ、「笑顔が素敵でなんだか管理に詳しいおじさんだから、いろいろと教えてもらえるかもしれないし、断る選択はないな」くらいの上から目線で快諾したのでした。結局、その物件で今ではボクが理事長になっています。

自主管理物件でも管理組合に関わる

2件目の管理組合に関わったのは文京区駒込の物件です。これは自主管理の物件であり、心配になって総会に参加しなきゃと思ったことがきっかけです。

自主管理物件の特徴は、とにかく管理費が安いことです。間に入る会社がないので、そのぶん中抜きされることがなく、だから安い。ただし、管理の水準はやはりプロの会社組織が行っているほうがしっかりしていることは否めません。そのため、物件価格も安めに取引されることが多いように思います。ボクのもともとの投資法からすると、自主管理物件は安定的な家賃収入が入ってこないと判断して投資対象から外していたのですが、前述したように近所であったことから空室でも何か他のことに使えるのではないかと思って購入を決めました。

しかしこの物件は、自主管理をしていた理事長がこのマンションを設計した方で、かなり労力を投入して管理をしてくださっていたので、想像していたよりとてもよい状態でした。そして、この理事長も高齢であり、自主管理するのも大変でそろそろ引退したいということでしたので、ボクが管理組合に携わるタイミングで他の物件でお付き合いのあった大手の管理会社に依頼し、現在は管理委託をしている状態です。安く購入した自主管理の物件は、こうして大手管理会社の管理する物件に変わったのでした。

そして、初めて管理組合に関わってから4年経過した２０２０年10月現在、ボクは全部で18棟のマンション管理組合の役員をやっています。

管理組合の理事長は中小企業の社長

管理組合の運営は、まさにそのマンションの価値をどう維持し高めていくかの試みです。そして、マンションは管理費と修繕積立金を所有者から毎月徴収するのでかなりの収入があり、何年も積み立てているのでかなりの資金を持っています。その点において管理組合は中小企業であり、その理事長は中小企業の社長のような印象があります。

しかしながら、みなさんは会社の社長にはなってみたいと思うかもしれない一方、管理組合の役員になりたがる方は本当に少ないのです。やはり報酬が大事なのでしょうか。多くの人が報酬よりもやりがいだと叫ぶのに、なんだか不思議です。

特に投資用のマンションでは面倒ごとと考えて総会にすら参加されない方がほとんどです。結果としてマンションの理事長は以前からずっと同じ人が続け、マンションのことは全然わからず、すべて管理会社に任せてしまっている状況となっています。つまり、社長であるにもかかわらず何もわからない、もしくは業務委託先にそのまま会社の運営ごと任せてしまっているような状況なのです。

でも、ボクは役員や理事長という仕事をやるのが楽しくてしかたありません。

廃墟マンションかビンテージマンションか

「マンションは管理で買え」という言葉があります。前述したように管理には賃貸管理と建物管理の2種類があり、賃貸管理つまり入居者付けや滞納管理などがしっかりしていないと家賃が入ってこなくなり、投資としては失敗する可能性が高くなってしまいます。そして、それと同じように建物管理も重要で、建物管理次第では同じような立地でも、築年数が経っていてもいまだに人気がある物件もあれば、廃墟のような物件となってしまって入居者が全然つかなくなってしまう物件もあるのです。

実は建物管理は「お金で解決できる」ものです。最終的には建て替えてしまえばよいのですから。しかも賃貸管理と異なり「明日からボロボロになります」と、実害がすぐに出てくるものではありません。そのため、何となく実感がなく、あと回しにしがちです。そのようなずさんな管理の結果、マンション自体にお金がなくなり、修繕積立金や管理費の値上げが行われます。もちろん支払う金額が増えると、手元に残る金額が少なくなってしまうので反対意見も多く、値上げできないケースでは修繕が行われなくなり、結果として廃墟に突き進んでいくことになります。

ところが、スキルのある理事長が運営し、不必要なところにお金をかけず、必要な工事を適正な金額で実施し、長い目で見て良質な管理が行われているマンションであれば、資金も貯まり、廃墟化を回避できます。

よく「古い物件は家賃が下がるのでは」ということを気にする人もいますが、ボクのような**ワンルームマンション区分所有の不動産投資をやっている人にとって真に恐れるべきことは、収入の減より支出の増**です。古い物件であればあるほど故障するところも増え、管理費や修繕積立金を値上げする必要が出てくるのです。この値上げを回避するには、長期的にきちんと管理組合の活動をチェックし、経営的な視点でマンションの運営をどのようにしていくかを考えないといけません。

廃墟マンションになってしまうかビンテージマンションになるかは、実は管理組合次第なのです。

管理組合の目的や性格をボク的に整理してみた

管理組合には、楽しいとかやり甲斐があるといった話はあまり聞かれません。ひょっとしたら、よくないイメージがある人のほうが多いのかもしれません。

ボクも不動産投資を始めた頃は同じように思っていました。総会資料などの書類が届いても「分厚くて面倒くさい」、押印やサインが必要でも「どっちでもいいよ」と提出しない……こんな感じです。投資家仲間と話しても、管理組合に地上げ屋が関わってきてマンション全体を乗っ取られたなど、よくない噂はいくらでも聞きます。そのため、ボクはずっと管理組合とは距離を置いてきました。

しかし中野坂上の理事長Kさんからすすめられて、いろいろなマンションの総会に参加しているうちに、管理の重要さと理事長の権限の大きさも知りました。今までは自分の部屋のことだけを考えていましたが、マンション全体がダメになったら、一部屋だけきれいでも敬遠されてしまいます。マンション全体を何とかしたいと思ったら、管理組合の活動に積極的に関わらないといけないこともわかりました。

そしてボクには強みがありました。ボクの投資物件は東京23区に点在しているので、物件同士の比較もできるのです。取り組みの方向性が間違っていなければ、相乗効果も期待できます。他の物件の管理のよいところを活かして、物件の価値を上げることもできるのです。

管理組合は賃貸管理会社ではなく、建物管理会社に発注する

ここで管理組合というものを整理しておきましょう（次ページ図参照）。

マンションという不動産には二つの「モノ」があります。一つはその部屋に入っていただく「入居者」。入居者をモノ扱いしては失礼なので、「ヒトという資産」と考えてみてもいいでしょう。もう一つは部屋。「箱」としての「モノ」で、オーナーにとっての資産です。オーナーから見ると、入居者も資産ということができますし、建物は資産そのものです。いい換えると、オーナーは二つの資産を持って運用しているということができます。

｜オーナーから見た建物管理と賃貸管理、管理組合のイメージ｜

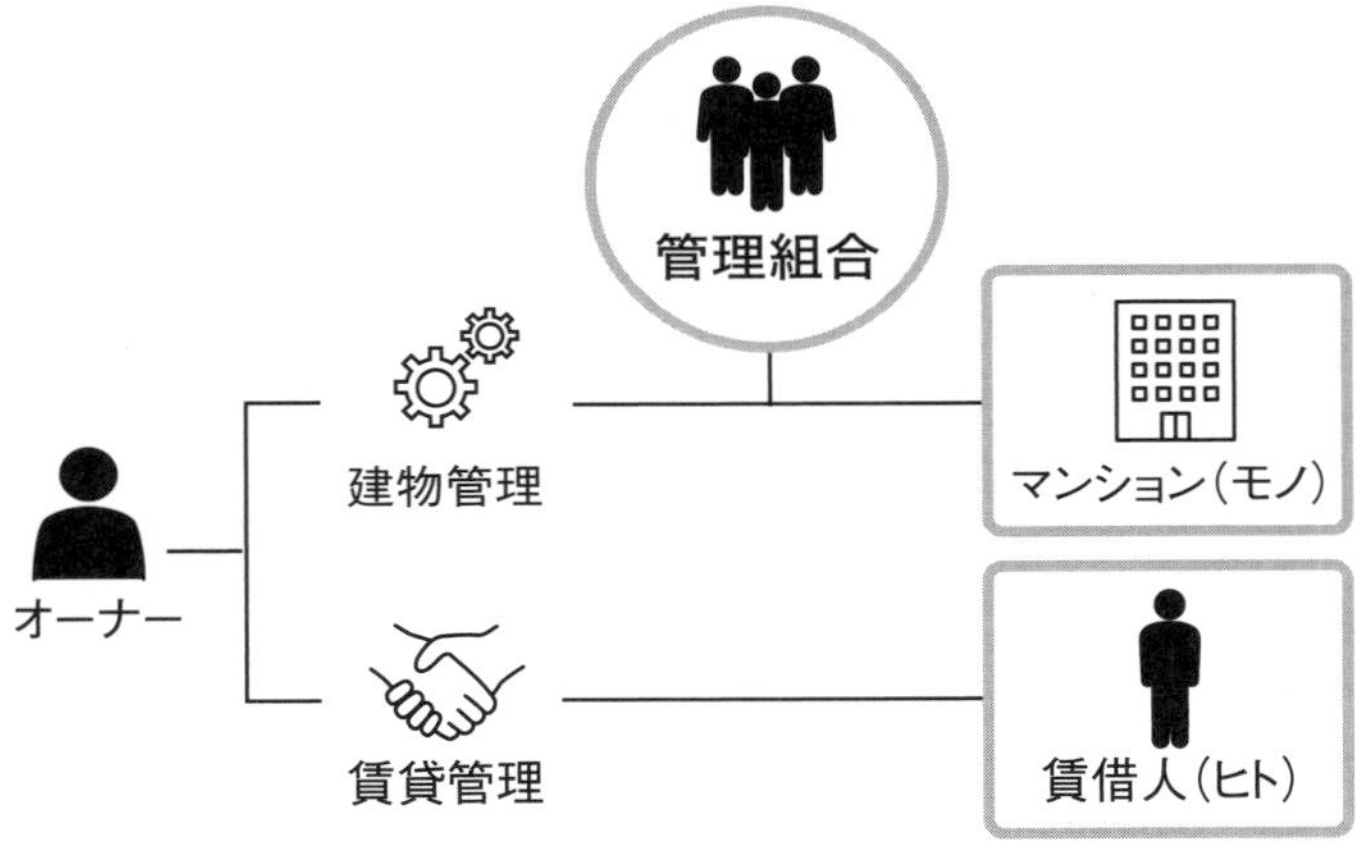

このうちの入居者を管理してくれるのが賃貸管理会社です。もちろん自分で管理することもできますが、入居者からの問合せや困りごとに早急に対応すべきと考えると、本業がある人にはなかなか大変なのでおすすめはできません。一方の建物の管理も建物管理会社に業務として頼むのですが、自分の区分所有の部分だけにとどまらない建物管理は誰が主体となって動くのかという問題があります。

その役割を担うのが管理組合という組織です。

ボクというオーナーの立場から見ると、上図のように物件に関して建物管理と賃貸管理という2人の代理人がいるようなイメージです。

建物管理会社は管理費・修繕積立金の集金のほか、定期総会の開催と運営、定期巡回と清掃、共用部の設備点検、大規模修繕の実施など「共用部」に関することに対応します。一方の賃貸管理会社は、入居者の選定（客付け）、家賃集金とオーナーへの送金、敷金返還と家賃精算の代行、滞納催促、リフォーム対応や室内清掃の手配、苦情処理など入居者と専有部に関わることに対応します。

ちなみに、管理組合が使えるお金は、50戸のマンションで管理費と修繕積立金で1戸あたり月額1万5000円とすると、年間では50戸×1万5000円×12カ月で9000万円にもなります。けっこうお金を使っているのです。

一般の居住用不動産と投資用不動産の管理組合の違い

一般的なマンションの場合、管理組合のメンバーは居住者であることが多いでしょう。ところが投資用のマンションでは、管理組合のメンバーは入居者ではなく区分所有しているオーナー、つまり不動産投資家です。その物件の近くに住んでいるわけではないので、管理組合のメンバー同士、どんな人がメンバーかはよくわからず、縁遠い存在なのです。

この投資用マンションの管理組合は、区分所有のオーナーたちが集まる組織ということもできます。その管理組合が建物管理会社に修繕などを発注するわけです。

多くのオーナーは管理組合と建物管理会社にお任せ状態ですが、実は管理組合は入ってみると、とてもおもしろい。最初は「わからないけど、『総会に出て』と頼まれたから出ている」程度の気持ちでかまわないです。総会などに出席してみると、昔ながらの投資家風な頑固なおじいちゃんもいますし、何をいっても反対するおばあちゃんもいる。地元の名士のような人の派閥抗争もあったりします。そんな人間模様も楽しんでみる気持ちが大切です。

管理組合はどんな仕事をするのか

管理組合はどんな仕事をするのか。一言でいうと、「物件の価値の維持向上を図るため、総会や定例的な会合などでお金の使い方を取り決めて対応する」ということです。この仕事を前述した因数分解のようにざっくりと分けて考えてみましょう。

マンションの共有部分がフィールド

マンションの場合、まず建物は専有部分と共有部分の二つに分かれます。このうち専有部分はオーナー自身が自分で管理すべきところ。管理組合は共有部分を管理することになります。外壁、エレベータ、内廊下、エントランスとポスト周りなどが代表的な守備範囲。加えて共有部分の電設関係も守備範囲ですし、上下水道を含めた「水回り」も全体に関わる面もあるので守備範囲といっていいでしょう。この守備範囲を適切に管理しないと、そのマンションはやがて廃墟になってしまうのです。

実は、このことを理解するまでは、「自分の区分所有部分だけしっかりやっていれば、それでいい」と思っていました。「他人のところまで対応するなんて面倒だ」と思っていたのです。

ところが、それではそのマンションは廃れていってしまいます。長く家賃収入を得続けることができない。そう考えると、管理組合がマンションの根っこのところで盛衰を握っていることに気づいたのです。

ボクは、自分の保有する物件の管理組合の総会や会合などに積極的に出てみました。28戸も物件を持っているのですから、他物件と比較して、やるべきこと、やらなくてもいいことなどを伝えることもできます。すると、

「村野さん、詳しいですね」

「次はぜひ役員になってください」

などといわれて、役員になり、理事長になっていったわけです。

役員・理事長になると運営の主導権を握れる

管理組合の役員になると、主導権を握っていることがよくわかります。たとえば、区分所有の物件が空室であったとき、その物件そのものが不評ではなく、エントランス部分の乱雑さ・汚さが理由だと感じたとき、区分所有しているだけでは何もできませんでした。でも、管理組合の役員や理事長になり主導権を握れば、率先してエントランスをきれいにできます。また、管理費が負担だと思えば引き下げることを提案し、具体策を率先して進めることができます。逆に管理費を上げ、管理をより充実させていくこともできます。

こうした権限、極端にいうと生殺与奪の権限を管理組合の役員や理事長が握っていることを実感できるのです。不動産投資家としてのボクは、これまでは区分所有の範囲外については何も手の出しようがなかった。それは面倒だからそうしていた面もありますが、積極的に管理組合に関わり、役員や理事長になってからはマンション全体のマネジメントができる。この意義は本当に大きいと思っています。

最初はオブザーバーからでもOK

不動産投資家というと、ちょっとアブナイというか怖いイメージを持つ人がいるかもしれません。住人が所有者でローンを抱えて暮らしているマンションで、その一角だけ都内で数十戸も所有している不動産投資家がオーナーとして加わると、「ちょっとやり手で山っ気の多い人が乗り込んできた」というような印象を受ける人もいるはずです。その不動産投資家が管理組合に積極的に関わろうとすれば、最初は「怖いヤツがきた」と思うかもしれません。ところが、自分たちの資産価値の維持・向上に前向きに取り組んでいることを理解してもらえば、マンションの住民も安心して暮らせるのではないでしょうか。

ボク自身、最初はそういう視線を感じ、「オブザーバーとして参加させてください」という関わり方をしたケースもあります。そのなかで、「このマンションをよくしたい」という思いが伝われば、快く受け入れてくれるようになります。

日本のマンション全体を見れば、きっと管理組合の役員や管理会社が既得権者のように振舞っているケースもあるのではないか、と感じます。そのことで何をやるにも前向きになれず廃墟のようになってしまう可能性もあります。大げさかもしれませんが、そのことに風穴を開けたいと思っているのです。

ライバルが友だちに

ボクの不動産投資のほとんどは投資用不動産の区分所有で、その場合、管理組合のメンバーは投資家の集まりということになります。みな、投資家としてライバルであり、管理組合としては志を同じくする仲間、同志、友だちでもあります。投資家は孤独だとよくいわれ、ボク自身そう思うこともあります。だからこそ、いつも仲間がほしいと願っていま す。それだけに、管理組合はボクにとって願ったり叶ったりの組織なのです。

オモテに出てこない物件情報をやりとりしたり、自分が不動産投資家として今どういうレベル、立ち位置にいるかを確認したり。そのような情報交流面での意義も大きい。そのなかで、それぞれが区分所有する不動産の価値を総体として高めていこうというのですから、旧来の管理組合とは異なり活発な議論になることもしばしば。煩わしいことがまったくないといえば嘘になりますが、いろいろな取り組みを進めることは本当に楽しくメリットも大きなものがあります。

不動産投資家にとって管理組合はまさに、ブルーオーシャンな市場でした。それだけにいろいろなことができるのです。

建物管理会社の意義も再確認

管理組合に積極的に関わるメリットとして、建物管理会社の意義を再確認できることもあります。管理組合においてマンションの外とのつながりも重要で、その一つに地元自治会との連絡がありますが、これについても建物管理会社に対応いただくことがたくさんあります。たとえば夏祭りがあるときなどです。人員のほかにも物やスペースをどう提供するかといったテーマがありますが、その際にも「当マンションの管理組合としては、このようにスペースの利用提供をお願いしたい」といった内容を決めれば、建物管理会社が必要な手配をしてくれます。もちろん、各戸への伝達文書の作成も行なってくれます。

基本的には建物管理に関わることはすべて管理組合が決め、建物管理会社がサポートする。建物管理会社のよし悪しによって管理組合のイメージも変わるのです。

管理会社をきちんと管理することも大切

とてもありがたい建物管理会社。ただし、管理組合が建物管理会社をきちんと管理していくことも大切です。ちゃんとしたところであれば任せておいて大丈夫ですが、いい加減な管理会社だと、物件が放置されたまま価値が下がってしまうこともあるからです。

特に、業務に対して適正な金額なのかをチェックすれば、確実に管理費の無駄を省くことができ、管理費修繕積立金の値上げを抑えることもできます。ひび割れた外壁やゴミの散乱、天井からの水漏れ、さびだらけの階段、荒れた植栽なども適正なメンテナンスで見栄えよく長持ちさせることができれば、コストダウンにつながります。そうした細かなことを放っておくと、修繕は建物が古くなるほど多発し、そのたびにお金がかかり、管理費修繕積立金の値上げになるのです。

固定費である電気代については、ＬＥＤ化＋電子ブレーカー＋電力会社の変更でコストダウンできます。法定点検や部品交換では本当にその金額が適正かをチェックしておくべきです。逆に、管理組合の収入を増やすために、自販機の導入や携帯電話基地局の場所貸しなど、考えられる方策はいくつもあるはずです。宅配ＢＯＸ、インターネット無料、ＩｏＴ化やセキュリティの強化のためにオートロック、防犯カメラなどに対応すれば、付加価値も上がります。

総会には必ず出席し、意思表明しよう！

小さな修繕から大規模修繕まで、そのつど対応を協議し、最終的な年度方針を意思決定するのが管理組合の総会です。不動産投資家にとって管理組合は縁遠い存在だったかもしれませんが、自分が所有する物件の価値を上げ、利回りを上げるために、ぜひとも参加しましょう。そして、必ず意思表明してみましょう。

特に若い人は「先が長い」という最大の武器を生かして取り組んでください。管理組合の運営をちゃんとやることで、管理費や修繕積立金を抑え、家賃をアップさせることができ、長く稼げる不動産に変身させるのです。

管理組合の〝あるあるトラブル〟

現在、ボクが管理組合に関わっているのは28戸の投資物件のうち18戸。２０２１年にはまた1～2戸増える予定です。関わり方は役員が多いのですが、理事長になっている組合も5戸ほどあります。

最初のうちはオブザーバーとして関わるケースもありますが、そんな場合でも次第に打ち解けて、役員を任されるケースがほとんどです。

よりふさわしい管理会社に変更するのも大きな役割

そのなかで、管理会社を替えるケースもありました。ある大手住宅建築会社の関連会社で、実態はまったく建物管理が行われていないケースでした。これまで管理組合は実質的に機能しない状態で、建物管理会社が自分で自分に発注するスタイルで管理をしていました。ボクも購入してから10年ぐらい、一度も見に行ったことはありませんでした。

ところが、たまたま空室になった際、普段はメールのやりとりだけで退去後の原状回復はすむのですが、そのときは懇意にしている担当者から次のような連絡があったのです。

「ここの絨毯はフローリングに張り替えたほうがいいです。今回の費用はけっこうかかりますよ。それにエアコンの室外機を置く場所もないので、今の窓枠エアコンが壊れたら大掛かりな対応が必要になるかもしれず、今後のことを考えたほうがいいですよ」

そんなことも知らずに保有していたボクは内心あせりました。ちょうど自宅を建てたときにフローリングの費用は知っていましたので、安くできるかもと次の休日に現場に向かったのです。

勝手し放題の菜園スペースに!?

そこで目にしたものは驚きの光景でした。なんとマンションのエントランスで◯◯水産と書かれた発泡スチロールを植木鉢にして野菜が育てられていたのです。のどかであればともかく、むしろ勝手放題。ちょっと呆れてしまいました。また、共有部分はとてもきたなくてマンションのタイルもはがれ落ちていた。所有している部屋も確認したのですが、むしろエントランスの衝撃で部屋のことはどうでもよくなっていました。

ボク個人が文句をいえば、きっとその管理人も建物管理会社も「うっとうしいヤツだ」と跳ね返していたでしょう。それが事前に感じられたので、ボクは翌期の理事長に立候補し、理事長になって建物管理会社の変更を提案したのでした。

その提案が認められて建物管理会社を替え、これまで管理人の野菜の栽培スペースになっていた場所にバイク置き場を併設した。さらに、ほとんど使われていなかった管理人室を賃貸に出すことにしました。

実は東京の真ん中にワンルームマンションレベルのスペースを事務所や休憩所などとして確保したいと思っている人はたくさんいます。そのニーズを持った人に管理人になってもらい、マンションの清掃を有償で請け負ってもらう契約をして、そのために管理人室を提供しているというスタイルです。一般には管理人室を事務所スペースとして賃貸に出すのは安全面からも制約は多いのですが、このように賃貸の〝建てつけ〟を変えることで、問題なく対応できます。金額的にもこれまでは月4万円ほどしていた委託管理人に支払う清掃費用が管理人室利用費と相殺されてゼロ円ですむことになる。スペースとお金の有効活用を実現した例です。

管理組合が崩壊してしまった！

現在は理事会に役員として関わってはいない管理組合ですが、管理組合が空中分解してしまったケースもありました。管理組合の重鎮はそのマンションに長年住んでいるおばあちゃんと、店舗を所有している不動産管理会社の部長。この2人の仲が悪く、互いに一言も譲らないタイプでした。

部長は管理や管理組合についても相当に詳しく、マンションにとって有益な提案をいろいろとしていました。一方のおばあちゃんもこのマンションへの愛情は人一倍で、自分の正当性を信じて譲らない。しかも、居住者ではない部長がやることについてはすべて反対、という立場でした。管理組合理事会の話し合いがあっても、すべての決めごとが平行線をたどり、数時間のやり取りのあとは喧嘩腰の修羅場です。

当時ボクは理事会のメンバーで前向きな解決法を見出すことに努めていましたが、いっ

こうに何も決まらないで揉めるばかり。しかたなくボクは、

「もう無理ですよ。何も決まらないし、マンションの運営自体が成り立ちません。このメンバーは全員いったん理事会を辞めて、新しい方々に運営を任せましょう！」

ボク自身、建設的な話ができないのなら、この管理組合で管理に取り組むことに意味がないと感じました。結局、理事会メンバーはその期で全員退任し、新しく組織し直すことになったのです。

そのほかにも、メンバーに高齢者が多いと、失礼ですが「いった、いわない」の不毛な議論になることはよくあります。

「この前はA案で進めることになってましたよね。ここにサインもある」

「そうはいってない。それは勘違いしてサインしてしまったので違う」

「そもそも、そんな話になっていたんですか？」

「若い人は黙っていなさい！」

メンバーからのこんな言葉の応酬で、自転車置き場の整頓のしかた、消火器の業者選定など小さなことでも何も決まらないこともあるのです。管理組合の運営が下手だと、結局、無駄なお金が出て行ってしまい、ボロボロで入居が決まりにくくなり、家賃収入が減少し、

管理費・修繕費などの出費が増えます。それは不動産投資家にとっては、まるで収入減と支出増の往復ビンタを食らっているようなもの。注意すべきです。

比較は実践してこそ生きてくる

ボクは主導権を握るといっても、そのマンションを乗っ取ろうとか、好き勝手に修繕しようといった気持ちはありません。一方で、よかれと思うことを決めて実践していかないと、マンションが廃墟になる実情も知っています。少なくとも自分が区分所有するマンションがボロボロになっていくことは避けたい、と考えているだけです。

都内に28戸の物件を所有していると、どうすればコスト的に得かもよく見えます。大手の建物管理会社に修繕を発注する場合、実際に仕事を行うのはその下請や孫請業者。そのため、管理組合の発注額は割高にならざるを得ません。そんなときも、

「ボクを通してもらえば、同じことを半値で発注できますよ」

というケースもあります。懇意にしている建物管理会社の下請会社に直接発注すれば、それが実現できます。大掛かりな修繕でなくても、たとえば数年に一度取り替える必要が

ある消火器でも指定の業者を通さずに直接ホームセンターに必要個数を買いに行けば、コストを3分の1くらいに抑えられるケースもあります。

管理組合はその実働を建物管理会社に発注するのが一般的ですが、なんでも発注すればよいというわけではありません。たしかに楽ですが、そのぶんコストがかかります。そこに自主管理の知恵を入れれば、けっこう安上がりでお金を有効活用することにつながります。それでオーナーも入居者もハッピーになれば、それがいちばんではないでしょうか。

自分自身で対応すべきところと、すべきでないところ

賃貸管理も含めて、マンションには自分たちで対応したほうがいい部分もあれば、そうではない部分もあります。

一般的には複数の世帯に関わる規模の設備工事のほか、賃料などの入出金管理、各世帯への連絡事項の文書管理などは自主管理で1戸ずつ対応するより一括して管理会社にやってもらったほうが安くすむでしょう。管理全般を行なっている会社と管理組合が契約していると、総会の準備や文書作成、議事録管理なども安く対応してくれます。

なお、たとえば水回りの故障は悩ましいところです。蛇口からポタポタと水が垂れる程度の場合は、専有部の問題なのでオーナー自身で対応します。賃貸管理の会社が入っているのであれば、その会社でも対応してくれるでしょう。一方で漏水事故が発生するような大掛かりなものになると、一度、建物管理の会社に連絡したほうがいいです。いったん管理組合がその水回りトラブルを引き取り、管理組合を通して管理会社が対応すると、他のトラブルと合わせて対応するケースもあります。すると全体としては安上がりにすむかもしれません。

逆に、たとえば小さな事象であれば、わざわざ建物管理の会社を動かさなくてもよいケースもあります。1棟を所有しているオーナーであればこの辺りのことはよく理解をしていると思いますが、区分所有しているオーナーには「管理費を払っているんだから、そのお金で対応しろ」というケースも散見されます。

もちろんそれはそれで正しいのですが、小さなことでも人が動き、発注すると、それなりの費用が発生します。そうやって管理組合のお金を使ってしまえば、いずれ自分たちのところに管理費の値上げとして降りかかってくるのです。建物管理会社の担当者になんでも押しつけ、振りまわすようなことはできるだけ避けたほうがよいのです。

不動産投資家が関われる新たなビジネス

管理組合の運営は不動産投資家としてのボクの新たな楽しみですが、このほかにも、いろいろなことをやってみました。その一つが不動産の登記です。

２０１４年に購入した台東区池之端の物件で、ボクは初めて登記を自分でやってみました。不動産投資の仲間から、「士業って、要は代理人。自分でできることは自分でやったほうがダンゼン得だよ」とすすめられたからです。

司法書士の方、本当にすみません。でも、実際にやってみるとけっこうカンタンで、お金をかけずにできます。物件価格からするとわずかな額の節約ですが、ほぼ毎年のように物件を購入してきたボクにとっては大きい額でした。

登記は自分で！　これでダンゼン得をする

登記に関わる契約書や重要事項説明書などは小さな字で細かいことも書かれているので、難解といえば難解です。だけど、中古物件を区分所有して、その不動産について登記することはいたってカンタン。書類1枚作成し、登記所に提出すればＯＫです。

たしかに戸建の新築時や増改築時に登記する場合は建築確認との兼ね合いもあり、手間がかかります。未登記のままでいると、場合によっては取り壊さないといけない事態に発展するケースもあります。そのため、未登記物件は社会的な問題になっています。でも、登記は必ず司法書士が行わなければならないわけではありません。法務局がやっている時間に行く必要があるので、勤め人なら会社を休む必要がありますが、本人であれば誰でも手続きできるのです。

司法書士が手続きした登記書類が必要なケースに、銀行からの借入れにあたって抵当権を設定するときがあります。通常、この場合は銀行が提携している司法書士が手続きした登記書類が必要になります。「自分で登記できるから、対応していただかなくていいんですよ」といっても、銀行は認めてくれません。唯一、それが可能だったのは公庫からの借入れのときだけでした。

一度、自分で登記できるから、そのぶん支払いを下げてほしいと銀行が指定した担当の司法書士に連絡を入れたことがありました。

「それは認められません」

「いや、できるから大丈夫ですよ」

「何かあったらどう対応するのですか！」

「自分で対応します」

「そういわれても、ですね……」

の押し問答です。結局、その登記に関する手数料は値引きしてもらって司法書士に手続きしてもらうことになりました。

ボクにも司法書士の友だちがいます。彼は、

「面倒な登記もあるけど、中古マンションとかの所有者変更の登記だけなら書類を集めたりハンコを貰ったりすることのほうが大変なんだよ」

と教えてくれました。

お金と知識、ダブルでお得に

不動産登記を自分で行うことは、新しい刺激です。数万円ですがお金も得しますし、新たな知識も得られる。一石二鳥の取り組みです。世の中には面倒なことがたくさんあり、やってみるとたしかに大変なこともいっぱいあります。でも、できなかったことができるようになること、面倒だと思ってやってこなかったことが意外にカンタンにできると知ることは、大げさですが生きる糧にもなります。

登記でもあらゆる登記を完璧にこなし、それで収入を得るのは大変なこと。でも、ちょっとその一部をかじって自分でできると思ったっていいじゃないですか。それで実利も得られれば、万々歳です。その程度の自由さを持って次のことにチャレンジしていきたい。広く捉えれば、これもボクの不動産投資手法です。

今は、このほかにもいくつか新しいことに取り組んでいます。たとえば、防犯事業や狭小地の有効活用。防犯は、かつては有線モニターを使っていましたが、今はＩｏＴが有効活用されています。防犯カメラも、かつては監視カメラのようなものでしたが、今は使う人の立場でふさわしい仕組みが組み込まれてきました。

狭小地の有効活用は、マンションにはよく見てみると余っているスペースがけっこう多く、立地がよいところに建っているので、ニーズはあるはずです。自動販売機やバイク置き場だけでなく、管理人室を事務所として貸し出したり、ライドシェアのポートとして活用したりすることで、入居者の満足度を上げたりマンションの収入増にもつながることになります。

物件周りには数多くのキャッシュポイントが転がっています。それらを一つひとつ拾い上げて取り組んでいく。ボクにはこうした周辺ビジネスこそ、不動産投資家が法人組織をつくって取り組む意義があるように思います。

エピローグ

43歳でFIRE！
東京23区制覇の
次にくるもの

家庭と会社に対してどんなスタンスで取り組んできたか

ボクは20年ほどサラリーマン投資家を続けてきましたが、２０１９年に勤めていた会社を辞めました。43歳でしたが、今流行りの「ＦＩＲＥ（Financial Independence, Retire Early）」です。「経済的自立と早期退職」を実現し、今は不動産投資で十分に生計が成り立って、前述した管理組合の仕事でも忙しく飛び回っています。

妻には納得して〝巻き込まれてもらった〟

家庭については、借金をするにしても会社を辞めるにしても、配偶者の理解を得なければなりません。といっても、ボクの妻も最初、不動産投資にはまったく理解してくれず、「借金して他人のために家を買うって、どういうこと⁉」と大反対でしたが、それが、ボクたち家族が安心して楽しい暮らしを実現する手だてであることが収益面からもわかるようになると、理解を示してくれるようになりました。会社を辞めたことにも理解を示してくれています。一時期は法人組織で不動産投資に取り組む際の法人代表にもなってくれました。

ボク自身が数千万円単位の借金をしたときは、自分自身でも不安だったので、「こんなに借金抱えちゃって、大変だよ」と弱気を妻に漏らしたことがありました。きっと、妻も不安になったはずです。でも、それも入居者の家賃収入から順調に返済できていることがわかると、そうしたソワソワ・ドキドキ・オドオドした気持ちもなくなりました。

一言でいうと、今は半分納得して、必要に応じて一緒に対応してもらう感じです。特に、管理組合のほかにも従来の不動産投資から派生して、法人で取り組むほうがいいと考えるビジネスも生まれてきました。以前は「ゼッタイ、ハンコ押さないからね」といっていた妻も、「ゼッタイ、ハンコ押すだけだからね」という程度になった、ということでしょう。

なお、ＦＩＲＥという言葉を意識すると、家賃収入の額の多寡より自分の家庭の年間支出額とそれをまかない得る資産額をより意識するようになりました。たとえば家庭の年間支出額が５００万円とすると、その何倍の資産が必要か。30倍とすれば資産額は１億５０００万円。その資産額を４％で運用できれば年間６００万円を生み出すことになり、十分に対応できるといったことです。

金額が大きくなると、同僚は何もいわなくなった

会社の同僚に関しては、サラリーマンの頃は「会社の仕事とは別に投資をやっているボクのことを、どう思っているんだろう？」という心配がありました。以前から両親にも「お金のことは他人にペラペラ話すんじゃない！」といわれていましたし、投資仲間からも「会社で同僚に知られるとロクなことにならないよ」といわれていたためです。

たしかに、入社間もなく年収も少なかった頃、ボクに投資で得た収入が年100万円、200万円あることがわかると、

「オマエ、ずいぶん儲けてるんだから、今夜はおごりね！」

なんていわれることはよくありました。仕事面でも「他で稼いでるんだからアイツは真面目に仕事をしているはずがない」なんていう声は多かれ少なかれ耳にしました。一方で投資をやっていることを話したことない人から「どうやってるの？」とコソっと相談があったりして、こういう話は伝わるのが早いものだなぁと思ったものです。

昔に比べるとだいぶマシになってきたのかもしれませんが、お金は楽して稼いではいけない、という気持ちが心のどこかにあるのでしょう。同じような境遇の人が自分より稼いでいるのは、なんだか「ズルをしているのではないか」という感覚はよくわかります。

でも、不動産投資から得た家賃収入を足して年収が2000万円、3000万円くらいになると、ほとんど誰も何もいわなくなりました。別の分野・世界の住人というイメージがあったのかもしれません。

それくらいの額の年収になると、羨ましくもなければ、あえて見下す対象でもない。「いいんじゃね?」と、そのことには互いに関知しない状態になってくるのかもしれません。

好きだからこそ、続けられた

ボクはずっとサラリーマン投資家でした。全体の収入のうち、会社からの給与は一部でしかありません。でも、なぜ会社をやめなかったのか。それはサラリーというお金がほしかったからではなく、会社や一緒に働く仲間が大好きだったし、もっとよい会社にしたいという気持ちがあったからです。勉強や人脈や世間といったものから隔離されてしまうことが怖かったという面もあります。逆にいうと、パワハラにあって会社を休んでいたときにそうしたものから隔離されないことがわかったからこそ、最近になって会社を辞めてもいいや、と思うようになりました。するとこれまでの関わりがかえって生かされ、さらに楽しく幸せであることもわかってきました。

ボクは「プロ」という存在が生来、苦手です。威圧感、正当性、正義感、不自由感といったものを感じ、そのことが苦手なのでしょう。そう考えると、どの道で楽しく暮らす人も自分で自分のことをプロということはほとんどなく、周りが「あの人はプロだから」などといっているように思います。

実は本人はプロであるかどうかを気にすることはなく、ただ好きだからやっている。どの道も、不動産も同じです。不動産に投資することが好きだから続けられたのです。

ボクの不動産投資の当面の目標は東京都23区すべてに物件を持つこと。その目標も射程圏内に入ってきました。不動産投資を始めた頃は主に東京の城南地区を攻略していましたが、城北・城東地区でも、たとえば区役所のそば、その区の主要駅の近くなどには底堅い需要があることを知り、23区を制覇しようという気持ちが高まりました。

ただ、この目標も何がなんでも、なんとしても達成するといった類のものではありません。目標は達成しないと意味がない、という人もいるかもしれませんが、ボクにとっての目標とは「何もないと選択の基準がないから設定するもの」であって、所有している区の物件とまだ所有していない区の物件が並んでいたら、同条件なら持っていないほうの区を選ぶ、というレベルなのです。

攻略・制覇しようといっても、それにとらわれて、目標を達成する＝勝利する＝最強の投資家になる、ということをめざすわけではありません。ただ、自分が投資家としておもしろいと思った物件を購入し、その物件を保有し続け、ずっと安心・安全の家賃収入を得ることが重要だと考えています。

管理組合の理事長連合会のような組織を！

インカムゲイン中心の不動産投資は、ともすると投資としてはマンネリ化する状態も垣間見られます。刺激に乏しいのでしょう。ボクはそのなかで、管理組合の楽しさを知りました。自分が区分所有するマンション全体の価値を高めていく組織です。

管理組合に関わるようになって、その実情を見ると、仕事そのものがあまり知られていなくて、メンバーも専門家と呼ぶべき人はほとんどおらず、みな一生懸命にやっているわけではない……。これはもったいないと、まずお得な消火器の取り替え方や管理人室の有効活用法など、細かなところから取り組んできました。たしかに最初は「金儲けの投資家が口を出すな」と門前払いのような対応をする重鎮がいる管理組合もありました。でも、多くはその後打ち解けてボクは理事長として活動するようになっています。

理事長としての目標は、理事長の連合会のような組織をつくっていくことです。既得権益の巣窟のような従来型の組織ではなく、理事長同士が仲間として情報交換しあい、いいものをどんどん自分の管理組合に取り入れていく。そういう組織をコツコツと育てていかないと、きっと多くのマンションは10年後、20年後には廃墟になってしまう。ゴーストマンションです。自分が区分所有するマンションが幽霊のように取り残されて建っている状況を想像してみてください。怖い、寂しい以外の何物でもありません。

無敵の投資家ならできる！「安全・安心」の運営

将来的には、「あのマンションは、あの会社・管理組合が運営しているから安全。あの人が理事長だから安心して投資できる」と多くの不動産投資家にいわれるような運営を行っていきたい。「最強の投資家」にはそれができなくても、「無敵の投資家」ならできると思っています。

現に、ボクが理事長を務めているマンションは、ごくごく一部の仲間内では大人気です。「空きが出たら教えて。相場より高くても買うから」といわれるくらいです。そしてボクの不動産投資家仲間にも最近、ポツポツと管理組合の理事長になる人が増えてきました。

旧来型の管理組合の重鎮から見れば、子や孫の世代の人が「がんばりましょうよ」と声をあげ始めた感じでしょう。なかにはサラリーマンもいます。でも、大丈夫！　管理組合の会合はほとんど土日に開かれますから。

大事なことは、「これに◯万円かけているのって、おかしくね？」という素朴な疑問です。その疑問に応え、真っ当な対応に変えるようにできれば、投資家にとって投資しやすく、入居者にとっても住みやすいマンションになります。「どうせ管理の実務知識なんて、わかんないでしょ」と建物管理会社の人にいわれるかもしれません。でも、最初はみんな無知なのです。徐々に知識と知恵をつけて、ぜひ取り組んでみてください。

東京の不動産投資がダンゼン楽しくなります！

あとがき

ボクの投資遍歴と手法、考え方を述べてきましたが、最後に読者のみなさんに不動産投資家として意識してほしいことをあらためてまとめておきます。

①確実に負ける勝負には手を出さない

どのやり方がいいかは人それぞれ。でも、買ってはいけないもの、買う必要のないものは買わないことです。

②一時的な勝利を追わない

謙虚に、周囲を助ける、他人を出し抜かない、掘出し物を追いかけない。長期的な視野に立つと大事なのは信用、信頼です。

そして、購入時には、

「ここは今の人が出て行っても、また誰か入ってくれるだろうか」
「ここは今の人が出て行っても、同じ家賃を払ってくれる人がいるだろうか」
「ここは何十年後も貸すことのできる物件だろうか」
「借金はコントロールできる範囲だろうか」

「ネット利回り＞金利　は守れるだろうか」

などについて気をつけてください。それで十分です。その物件を長く持つことができれば、時間を味方につけることができます。

また、本書でも触れましたが、２０２０年は新型コロナ禍で1年が終わってしまいそうな状況です。当然ながら、ポストコロナ、ウィズコロナの不動産投資をどうすべきか、不動産投資家は気がかりなことでしょう。新型コロナ禍の対応については、本書２０２ページをあらためて確認してください。

ただ、未来は予測できません。予測できるとしたら、最高の未来と最悪の未来の間のどこかになる、ということくらいです。そして打てる対策としては最悪の状況にならないようにすることと、最悪な状況になっても耐えられるようにすること。未来を考えたときにやらなければいけないことはこれだけなのです。不動産投資家にとっての最悪の未来とは、家賃収入がぐんと下がること、金利も含めた維持費がぐんと上がること、物件の価値が大幅に下がることに集約できます。

売却益をねらう不動産投資ではなく、家賃収入をコツコツ得るような不動産投資を続けていると、明日が来ることが楽しく、幸せな気持ちになります。お金より、そのことが大事です。

本当の投資は未来を楽しみにすることができ、明日の幸せを感じるために行うこと。そのためには仲間をつくり、自分がよい人であり、この2点を踏まえて投資を継続すること。不動産投資の真髄もここにあります。

最後になりましたが、本書の出版にあたっては、菱田編集企画事務所の菱田秀則さまに大変お世話になりました。また、不動産投資家の集まりである「田島会」の投資仲間のみなさま、ハッピーリタイアの師匠ともいうべき加賀山さま、私の無茶を実現しようと協力してくれる管理会社の樋口さまをはじめご担当者のみなさまに厚くお礼申し上げます。

２０２０年11月

村野　博基

本書をお読みいただき、著者である私に相談したい！
という方がいらっしゃいましたら、下記アドレスまで
ご連絡ください。

murano.hiroki.2103@gmail.com

■村野　博基（むらの　ひろき）
1976年生まれ。慶應義塾大学経済学部を卒業後、大手通信会社に勤務。社会人になると同時期に投資に目覚め、外国債・新規上場株式など金融投資を始める。その投資の担保として不動産に着目し、やがて不動産が投資商品として有効であることに気づき、以後、積極的に不動産投資を始める。東京23区のワンルーム中古市場で不動産投資を展開し、2019年に20年間勤めた会社をアーリーリタイア。現在、自身の所有する会社を経営しつつ、東京23区のうち16区に計28戸の物件を所有。さらにマンション管理組合事業など不動産投資に関連して多方面で活躍する。

43歳で「FIRE」を実現した
ボクの“無敵”不動産投資法

2020年12月10日　初版発行
2023年 9月20日　第3刷発行

■著　者　村野　博基
■発行者　川口　渉
■発行所　株式会社アーク出版
〒102-0072　東京都千代田区飯田橋2-3-1
東京フジビル3F
TEL.03-5357-1511　FAX.03-5212-3900
ホームページ　http://www.ark-pub.com
■印刷・製本所　新灯印刷株式会社

落丁・乱丁の場合はお取り替えいたします。
ISBN978-4-86059-219-6